Vorwort

Erst einmal vielen Dank, dass Sie sich für dieses Buch entschieden haben. Sie werden es nicht bereuen.

Dieses Buch richtet sich an Käufer von Immobilien, langjährige Eigentümer oder Interessenten welche den Immobilienerwerb erst noch vor sich haben.

Es soll Ihnen helfen, Ihre Ideen und Wünsche an Ihr neues Zuhause, mit einer gewissen Leichtigkeit und ohne viel Stress umzusetzen.

Für ein modernes Wohngefühl ist kein Neubau erforderlich. Dieses Buch hilft Ihnen dabei Bestandsimmobilien günstig so zu sanieren, dass in Sachen Raumaufteilung, Komfort und Ästhetik faktisch kein Unterschied zum Neubau besteht.

Kurz zu mir: Gelernter Fluggerätmechaniker einer großen deutschen Fluggesellschaft, mittlerweile im Immobilienbereich selbstständig. Mein Geschäftsmodell ist es, Wohnungen und Häuser in möglichst sanierungsbedürftigen Zustand zu kaufen, diese aufwändig zu sanieren und anschließend weiterzuverkaufen. Erfolgten die ersten Sanierungen noch mit viel Eigenleistung, habe ich mir mittlerweile ein Netzwerk mit günstigen und zuverlässigen Handwerkern für nahezu jede Tätigkeit aufgebaut.

Den Überblick auf der Baustelle lasse ich mir jedoch nicht nehmen und packe gelegentlich noch selbst mit an. So ist über die Jahre eine Menge Wissen entstanden.

Der Trick an meinen Sanierungen ist, dass ich den Grundriss so verändere, dass eine moderne Raumaufteilung entsteht. Mit offenen Küchen, Kochinseln, bodentiefen Duschen usw. wie es die Interessenten sonst nur im Neubau finden. Und ich dachte, wie das geht, interessiert Sie vielleicht.

Inhaltsverzeichnis

Vorwort 1
Inhaltsverzeichnis 3
Warum eigentlich sanieren? 4
Ihre drei Möglichkeiten 7
Grundriss/Raumaufteilung ändern 10
Tragende Wände erkennen 18
Küche 24
Elektrik 27
Bad 31
Fenster 43
Heizung 49
Trockenbau 55
Handwerkerauswahl 58
Material – Baumarkt, Onlineshops uvm. 62
Entsorgung 67
Beispiel einer Sanierung 72
Smart Home 81
Neubau/Bestand Vor- & Nachteile 84
Sonderfall Eigentumswohnung. Umgang mit Verwaltung und anderen Eigentümern 86
Wenn mal was schiefgeht 89
Schlusswort 93

Warum eigentlich sanieren?

Neue Trends kommen auf, neue Materialien werden Mode, der persönliche Anspruch oder Geschmack ändert sich. Es gibt viele Gründe für eine Sanierung. Aber warum eigentlich aufwändig eine Bestandimmobilie sanieren, wenn sich ein Neubau gleich nach den persönlichen Wünschen gestalten lässt?
Zum einen, weil ein Neubau deutlich teurer ist und Geld bekanntlich knapp ist. Und genau dieser Umstand wird hier zum Vorteil. Je größer die Preisdifferenz zum Neubau, desto interessanter die Sanierung der Bestandsimmobilie.
Ein anderer Grund kann sein, dass Sie schon viele Jahre in Ihrem Haus oder Ihrer Eigentumswohnung wohnen, und Ihre Immobilie lediglich modernisieren möchten.
Zum anderen kann ein altes Haus einen gewissen Charm haben und ist alleine daher erhaltenswert.
In einem späteren Kapitel folgen noch weitere Vor- und Nachteile zum Thema Neubau und Bestandsimmobilie.
Manchmal stellt sich die Frage Neubau oder Bestand auch gar nicht. In beliebten Gegenden deutscher Großstädte, sowie in historischen Altstädten mittlerer und kleinerer Städte lässt die enge Bebauung kaum

Neubauten zu! Wer hier eine bestimmte Gegend im Blick hat, muss zwangsläufig mit dem Bestand vorliebnehmen.
Dass das kein Nachteil sein muss, will ich mit diesem Buch verdeutlichen.

Allgemein hat ein Neubau sicher Vorzüge.
Neben der modernen Raumaufteilung könnte man meinen, spricht doch ganz besonders die Gebäudedämmung für den Neubau. Doch insbesondere die Gebäudedämmung, ist meiner Meinung nach, gerade bei Eigentumswohnungen stark überbewertet. Entscheidend für Immobilienbesitzer ist letztendlich doch, was das Heizen kostet! Und mir sind einfach zu viele Wohnungen (Baujahre 1900 - 1970) untergekommen, mit sehr günstigen Hausgeldern um die 200 € inkl. Verwaltergebühr und Rücklagenbildung. Die Heizkosten betrugen hier monatlich jeweils nur ca. 60€. Wie viel Geld soll eine energetische Gebäudesanierung hier einsparen? Bzw. nach wie vielen Jahren soll sich die Investition amortisieren? Nach 50 oder 60 Jahren?
Man könnte auch fragen, was soll der Neubau hier besser können? Verstehen Sie mich nicht falsch, natürlich macht es Sinn, dass Neubauten gedämmt werden. Aber eine nichtvorhandene Dämmung ist jedenfalls ein weitaus kleinerer Nachteil als man

häufig erzählt bekommt und somit nicht zwangsläufig ein Argument gegen die Bestandsimmobilie. Entscheidet ist, was das Heizen schlussendlich kostet. Achten Sie also auf das Hausgeld.

Sind Sie Besitzer oder Käufer eines alten Ein- oder Mehrfamilienhauses, lohnt es sich in jedem Fall das Dach zu dämmen, da das Dach eine wesentliche Außenfläche des Hauses darstellt und Wärme prinzipiell nach oben steigt. Das Dach zu dämmen lässt sich außerdem von innen, per Zwischensparrendämmung, sehr günstig bewerkstelligen, so dass sich diese Investition nach wenigen Jahren per Heizkostenersparnis tatsächlich amortisiert hat.

So soll es sein und ist leider zu selten der Fall. Überprüfen Sie Ihre geplanten energetischen Sanierung bitte unbedingt auf Wirtschaftlichkeit.

Ihre drei Möglichkeiten

Ihre drei Möglichkeiten die Sanierung umzusetzen sind wie folgt:

1.: Sie lassen alles durch örtliche Handwerksfirmen umsetzen.
Das ist die komfortabelste Variante, aber zu gleich die teuerste. Dazu kommt, Handwerksfirmen sind wenig flexibel, wollen Ihnen meist nur Material aus dem eigenen Katalog verbauen (im Bad wird das besonders teuer) und die Gefahr besteht, dass Ihnen etwas "vom Pferd" erzählt wird und Sie schlussendlich mehr bezahlen als nötig gewesen wäre. Grundsätzlich kann man diesen Weg gut gehen. Die Qualität in Deutschland ansässiger Unternehmen ist hoch und falls doch mal etwas passiert, haben Sie Garantie auf die Arbeit.
Um den Handwerksfirmen etwas entgegen zu setzen und ihnen nicht blind ausgeliefert zu sein, lesen Sie ja bereits dieses Buch.

2.: Sie nehmen nur die reine Arbeitsleistung einzelner Handwerker in Anspruch, behalten aber alle Fäden in der Hand. Bezahlt wird auf Stundenbasis oder zum Festpreis. Sie besorgen das Material günstig selbst und sagen dem Handwerker wie er was zu tun hat. Diese Variante ist mein Favorit. Um den Überblick zu behalten sollten Sie etwas mehr Ahnung haben als bei Variante 1. Dieses Buch gibt Ihnen dafür einen Einblick in die wichtigsten Themen und zeigt die gängigsten Lösungen auf.
Wie Sie die Handwerker finden, folgt in einem späteren Kapitel.
Diese Variante kann schneller sein, als Variante 1, da Sie über die Manpower auf der Baustelle selbst entscheiden. Im Gegensatz zu Handwerksfirmen haben Sie nur diese eine Baustelle und die hat für Sie natürlich Priorität. Hier kann man ruhig Gas geben. Dass zu viele Leute auf einmal arbeiten und sich behindern, habe ich noch nicht erlebt.
Natürlich ist dafür vorausgesetzt, dass Sie wissen welche Gewerke in welcher Reihenfolge bei einer Sanierung zu involvieren sind.

3.: Sie haben keine zwei linken Hände, etwas Zeit und wollen die Arbeit in Eigenleistung erledigen.

Warum nicht. Günstiger kann eine Sanierung nicht sein, da Sie mit den Lohnkosten der Handwerker, einen erheblichen Kostenteil, sparen.
Sie sind sich nicht sicher ob Sie das gewuppt kriegen? Nicht so schlimm, fangen Sie doch erstmal an und beheben Sie die Probleme, wenn Sie tatsächlich auf welche stoßen. Learning by Doing. YouTube ist hier eine große Hilfe. Probieren Sie aber nicht alles im Vorweg klären zu wollen. Das wird nicht funktionieren.
Und falls Sie wirklich nicht weiterkommen, holen Sie sich eben professionelle Hilfe.
Natürlich können Sie die drei Varianten auch kombinieren.

Grundriss/Raumaufteilung ändern

Der größte Nachteil von Bestandsimmobilien ist der häufig altmodische Grundriss bzw. eine altmodische Raumaufteilung. Küche, Bad, Wohnzimmer, Schlafzimmer alles geht vom Flur ab. So wie schon unsere Großeltern gewohnt haben.
Modernes Wohnen sieht anders aus. Die Küche ist zum Wohnzimmer offen, das Bad vielleicht dem Schlafzimmer angeschlossen (Gäste-WC vorausgesetzt). Grenzen verschwimmen, Offenheit ist angesagt.
Die meisten Grundrissänderungen haben den Zweck einen gemeinsamen Wohn/Koch-Bereich zu schaffen, weshalb es im Folgenden vermehrt darum geht. Womöglich möchten Sie lieber das Bad vergrößern, den Wohnbereich um den Flur erweitern, oder andere Räume zusammenlegen. Der Ablauf ist immer derselbe.
Wenn der Grundriss geändert werden soll, bedeutet das, dass Wände weichen müssen. Wie man erkennt ob eine Wand tragend ist oder nicht, erkläre ich im nächsten Kapitel.
Falls Sie, so wie ich, vorhaben den Ort der Küche zu verlegen, benötigen Sie am neuen Ort Wasseranschlüsse und im Idealfall eine neue Elektrik.

Bezüglich der Wasseranschlüsse erleichtert es die Umsetzung enorm, wenn die neue Küche in der Nähe des Bades entstehen soll, da hier sowieso Wasserleitungen liegen. Ich habe die neue Küche tatsächlich schon häufig gleich neben dem Bad neu positioniert. Hier musste nur durch die Wand gebohrt werden. Wie dick die Wand ist und ob sie tragend ist oder nicht spielt hierbei keine Rolle. Im folgenden Beispiel war die Küche vorher im Raum unter links auf dem Grundriss.

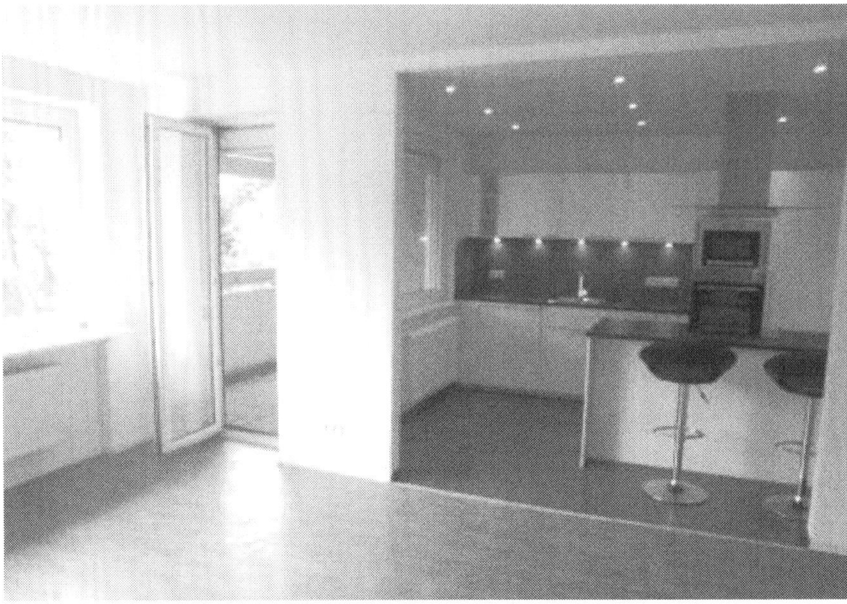

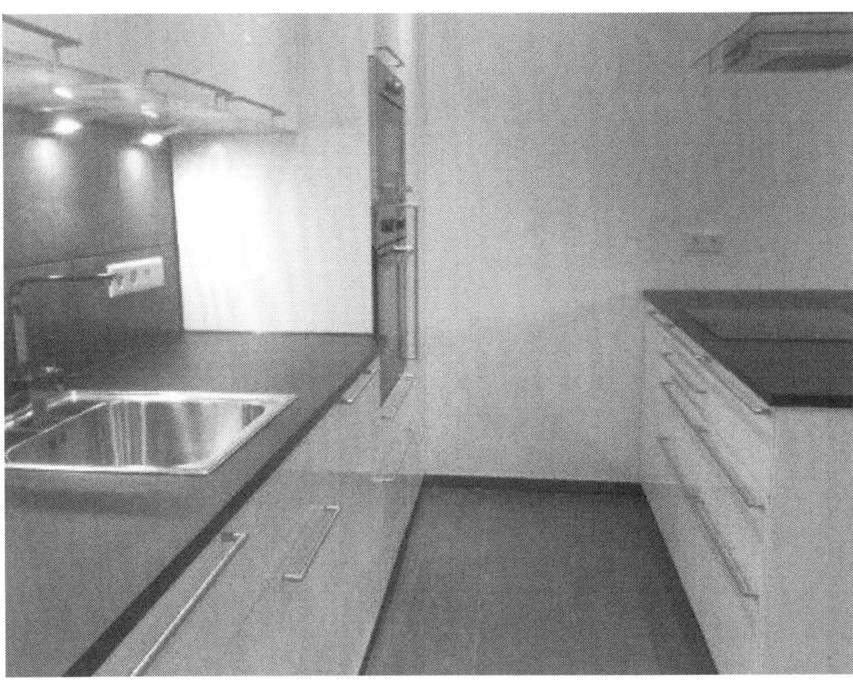

Auch das Bad ist deutlich größer geworden.

Es geht aber auch komplizierter. Nämlich die Küche an einem Ort zu positionieren wo keine Wasserleitungen in der Nähe sind. In diesem Fall muss die Abwasserleitung mit Gefälle zum nächsten Fallrohr (Bad oder alte Küche) geführt werden. Das funktioniert, wenn nötig über mehrere Räume hinweg, wie folgendes Beispiel zeigt:

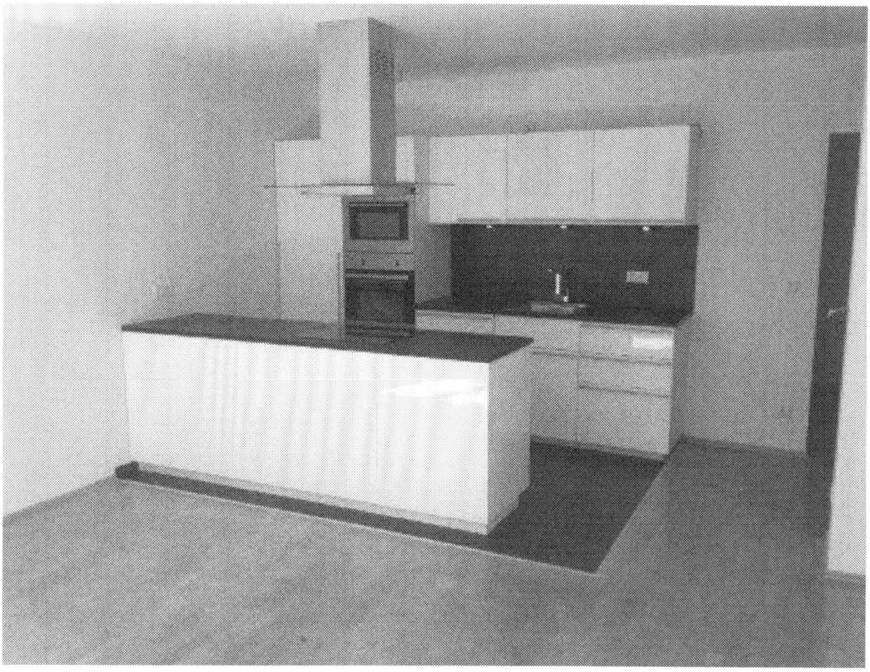

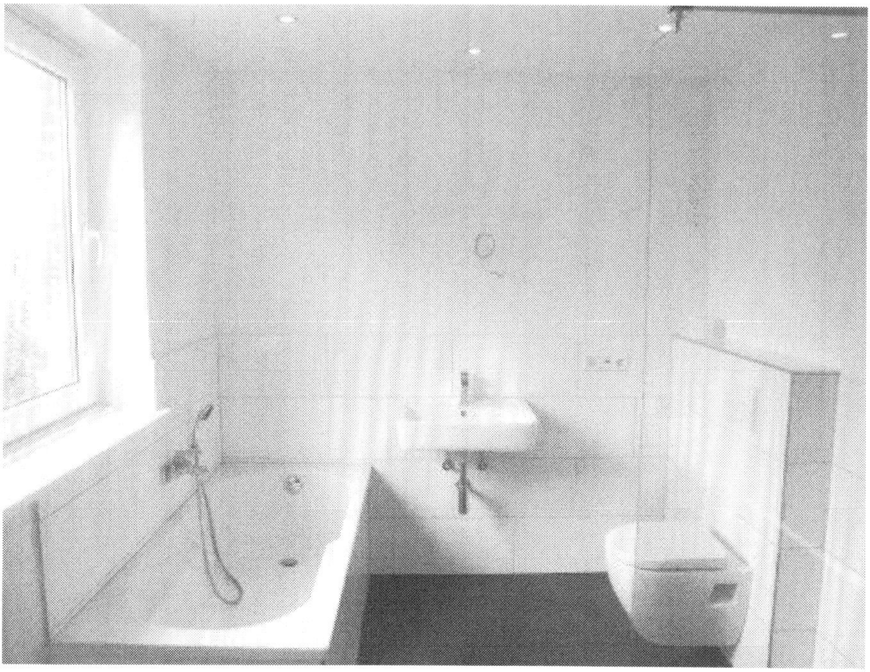

Die Abwasserleitung geht von der neuen Küche außen durch das gesamte Schlafzimmer und trifft dann auf die restlichen Abwasserleitungen des neuen Bades, welches sich jetzt dort befindet wo vorher die Küche war. Hier befinden sich die Stränge welche senkrecht durchs Haus gehen.

Es gibt verschiedene Möglichkeiten die Abwasserleitung dorthin zu verlegen. Entweder vor die Wand, und diese anschließend auf Höhe der Leitung verkleiden, oder in die Wand, wenn diese Dick genug ist. Die Leitung sollte hierfür möglichst dünn gewählt werden (40mm). Ebenfalls empfehlt sich bei Eigentumswohnungen, das Vorhaben mit dem Eigentümerbeirat oder der WEG-Verwaltung zu besprechen. Verbieten kann Ihnen Ihr Vorhaben aber niemand, und Sie müssen auch nicht auf die nächste Eigentümerversammlung warten. Im Zweifel kommt die Leitung eben vor die Wand. Eigentümer von einzelnen Häusern sind hier in jeder Hinsicht im Vorteil. Sie müssen niemanden fragen und können die Leitungen auch einfacher verlegen. Wenn Ihr Haus z.B. über einen Keller verfügt, führen Sie die Abwasserleitung eben erst dort mit den anderen Leitungen zusammen.

Die Frischwasserleitungen müssen übrigens nicht mit Gefälle verlegt werden. Sie können diese auch in den Estrich legen, wenn das der kürzeste Weg ist.

Bezüglich der Elektrik wäre es ideal, wenn Sie diese im Rahmen Ihrer Baumaßnahme komplett erneuern, oder zumindest mehrere neue Stromleitungen in die neue Küche legen. Die vorhandenen Leitungen wurden nicht gelegt um eine Küche zu versorgen. Tun Sie das trotzdem, muss Ihnen klar sein, dass diese schnell überlastet sein werden, bzw. bestimmte Geräte sich überhaupt nicht verwenden lassen (Induktionskochfeld).

Neue Kabel zu verlegen muss gar nicht kompliziert oder teuer sein. Ich kombiniere das immer mit einer abgehängten Decke in Küche und Flur, weil ich hier sowieso LED-Spots verwenden möchte. Die neuen Kabel laufen dann einfach oberhalb dieser abgehängten Decke.

Ggf. lässt sich ihr Elektriker darauf ein, dass Sie die Kabel verlegen und er sie nur noch am Ort der neuen Küche und am Verteilerkasten anschließt. Das solle ihn nur wenige Stunden kosten und Sie entsprechend wenig Geld.

Tragende Wände erkennen

Dieses Kapitel ist etwas knifflig, da Sie hier verständlicher Weise auf Nummer sicher gehen sollten.
Am schönsten wäre natürlich, es handelt sich bei der Wand die Sie entfermem möchten, um eine nicht tragende Wand.
Und falls doch, lassen Sie mich schon mal vorwegnehmen, auch jede tragende Wand lässt sich grundsätzlich durch einen Stahlträger ersetzen! Nur wollen wir diesen Aufwand natürlich möglichst vermeiden.
Nicht tragend sind definitiv Trockenbauwände (klingen hol beim Klopfen), gemauerte Wände welche dünner als 10 cm sind (der Stein ist hier hochkant gemauert), sowie 99% aller Wände im Dachgeschoss (hier wird die Last von den Dachsparren aufgenommen).
Wände um die 20cm und mehr (die Steine sind quer gemauert) sind leider definitiv tragend.
Wände um die 10 cm (die Steine sind längs gemauert) können tragend sein, müssen es aber nicht.
Hier ein Beispiel von zwei 10 cm starken Wänden, in einem Einfamilienhaus Baujahr 1936. Beide Wände sollten raus. Eine Wand war nicht tragend, eine leider

schon. Auf der Zeichnung zu erkennen am Verlauf der Holzbalken.

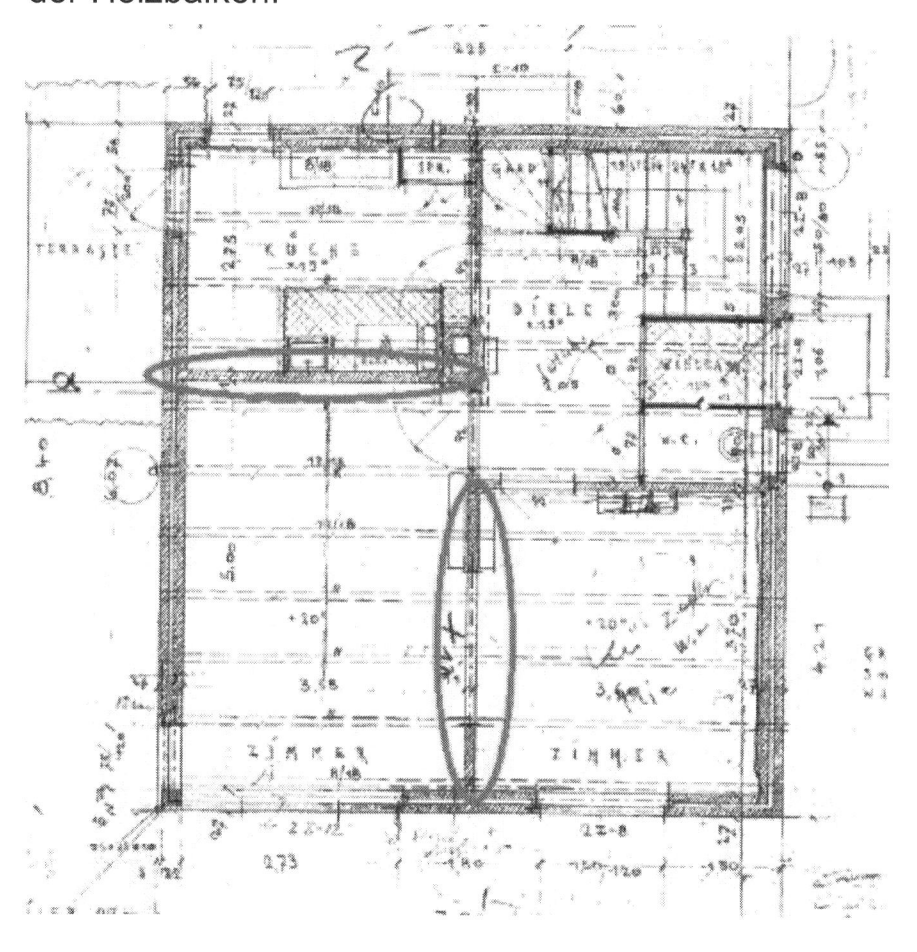

Da wo sie längs zur Wand verlaufen, können sie nicht auf der Wand aufliegen. Da sich die Wand außerdem nicht im Obergeschoss fortsetzt, ist diese definitiv nicht tragend. Auf der anderen Wand hingegen liegen die Holzbalken auf der Geschossdecke auf und stützen sich ab. Hier musste ein Stahlträger her. Welcher genau, habe ich mir von einem Baustatiker ausrechnen lassen und dann selbst online bestellt! Kein Scherz. Auf www.stahlshop.de können Sie ihren Stahlträger nach den Maßen des Baustatikers schneiden und liefern lassen. Der Baustatiker haftet übrigens für seine Berechnungen. Für den Einbau habe ich mir einen Maurer gesucht. Natürlich kann der Baustatiker Ihnen auch das Komplettpaket anbieten, aber ich möchte Ihnen hier ja möglichst den günstigsten Weg aufzeigen.

Letztendlich sind für die Aktion ca. 2560€ Kosten entstanden (1200€ Statiker, 360€ Stahlträger inkl. Lieferung, 1000€ Maurer), und ich denke das Ergebnis war die Sache wert.

Auf diesem Foto sieht man oben noch einen Teil des verkleideten Trägers.

Sollten Ihnen solche Zeichnungen nicht vorliegen oder Sie wissen bereits, dass es sich bei der Geschossdecke Ihres Hauses oder Ihrer Eigentumswohnung nicht um eine Holzbalkendecke handelt, gibt es noch eine andere Möglichkeit herauszufinden ob Ihre 10 cm starke Wand tragend ist: Klopfen Sie am Übergang zur Decke den Putz ab. (Da die Wand sowieso wegsoll, sollte das nicht weh tun)

Liegt die (Beton)decke auf der Wand auf? Oder ist hier ein spalt Luft? Falls nein, ist die Wand mit ziemlicher Sicherheit tragend.

Das ist kein Beinbruch, Sie müssen jetzt leider nur einen etwas größeren Aufwand betreiben. Als Wohnungseigentümer sollten Sie jetzt die WEG-Verwaltung bzw. den Eigentümerbeirat informieren, da tragende Wände das Gemeinschaftseigentum betreffen. D.h diese Wände gehören, anders als die nicht tragenden Wände, nicht Ihnen allein, sondern der Gemeinschaft, auch wenn diese sich in Ihrer Wohnung befinden.

Oft hat die Verwaltung schon mit einem Architekten zusammengearbeitet und bestimmt sind Sie nicht der erste in der Eigentümergemeinschaft, der einen solchen Umbau vorhat.

Ich hatte sogar schon einmal den Fall, dass eine Wand in den Unterlagen der Verwaltung als tragend deklariert war, der Baustatiker dann aber beim Prüfen und Durchrechnen der Betondecke zum Schluss kam, dass gar kein Stahlträger notwendig sei, da die Decke seinerzeit mit genug Reserven hergestellt wurde. Die eigentlich tragende Wand konnte also ersatzlos rausgenommen werden.

Küche

Jetzt zu einem angenehmen Thema. Die neue Küche zu planen und in der sanierten Immobilie zu sehen, bereitet mir ganz besonders viel Freude. Wieso baue ich überhaupt Küchen ein, wenn ich die Immobilien sowieso weiterverkaufe, fragen Sie sich vielleicht? Ganz einfach, weil sich die Wohnungen so deutlich besser verkaufen lassen. Den meisten Leuten mangelt es schlicht an Vorstellungskraft. Und wenn sie nach etlichen Standartbesichtigungen dann bei mir eine schicke Küche vorfinden ist das ein echter Pluspunkt. Dazu kommt natürlich, dass so etwas wie eine Kochinsel in der Umsetzung etwas komplizierter ist. Derjenige der die Küche plant, ist am besten dieselbe Person welche die Immobilie für diese Küche vorbereitet. Bei einer Kochinsel müssen die Anschlüsse ja aus dem Boden kommen. Bei einem Kabel für das Kochfeld ist das noch einfach. Kompliziert wird es wenn auch die Spüle oder der Geschirrspüler in der Kochinsel platz finden sollen. Das Abwasser bekommt man eigentlich nur weg, wenn sich darunter ein Keller für die Rohrinstallation befindet. Ausnahmen bestätigen die Regel: In einer Dachgeschosswohnung hatte ich es schon mal, dass der Fußboden Plateaumäßig höher gelegt war. Der Zwischenraum hat dann die Rohrinstallation ermöglicht. Der sonst übliche Estrichboden reicht für ein Abwasserrohr mit Gefälle leider nicht aus. Hier auf dem Bild die gerade beschriebene Küche. Vorher war hier übrigens das Schlafzimmer.

Ich möchte keine Werbung für Ikea machen, aber Ikea ist in Sachen Einbauküchen einfach mein Favorit. Die Küchen sind sehr günstig und unterscheiden sich nicht wirklich zu anderen. Schubladen und Schranktüren sind selbstverständlich auch bei Ikea-Küchen gedämpft. Beim Aufbau hat man etwas mehr Arbeit, da alle

Schränke in schmalen Paketen geliefert werden. Den Aufbau lasse ich mir übrigens bis heute nicht nehmen und erledige ihn selber. Vorteil ist: ich bin dann in der Schlussphase auf der Baustelle und kann die anderen Arbeiten besser kontrollieren.
Verständnis habe ich, wenn Leute auf bestimmte Elektrogeräte Wert legen, die es bei Ikea nicht gibt. So bestelle ich die Mikrowelle und den Backofen immer separat. Die Leute wollen bei den sichtbaren Geräten einfach Markengeräte sehen.
Die Küche auf Seite 20 hat inkl. der beiden Siemensgeräte nur 6000€ gekostet. Mal ehrlich, hätten Sie nicht eher 16000€ geschätzt?
Die Küche auf Seite 23 hat ca. 4000€ gekostet.

Elektrik

Zur Elektrik kann ich nicht allzu viel schreiben. Ob Sie diese erneuern sollten, hängt vom Einzelfall und natürlich vom persönlichen Anspruch ab. Man kann auch lange mit einer alten Elektroinstallation auskommen. Eine Pflicht zur Modernisierung besteht auch nicht! Allerdings muss eine neue Verteilung gar nicht teuer sein. Es sind eher die begleitenden Arbeiten die hier aufwendig sind.
Die Wände werden für neue Kabel mit einer Mauernutfräse 3-4 cm eingeschlitzt. Eine unfassbar laute und staubige Arbeit. Nachdem die Kabel mit speziellen Nägeln fixiert sind, werden die Schlitze wieder zu gespachtelt. Diese Arbeit perfekt glatt hinzukriegen ist gar nicht so einfach, weshalb diesen Schritt in der Regel nicht Elektriker, sondern Maler übernehmen.
Die alten Kabel bleiben übrigens funktionslos in der Wand. Da sie nirgendwo mehr angeschlossen sind, ist das absolut problemlos und minimiert den Arbeitsaufwand.
Sinn macht eine neue Elektrik in jedem Fall, wenn Sie sowieso im größeren Umfang sanieren.
Wie schon erwähnt lassen sich Kabel super oberhalb abgehängter Decken verlegen.

Oder auch im Fußboden, falls Sie diesen gerade offen haben.
Die Steckdosen und Schalter können Sie günstig online bestellen. Zum Beispiel auf www.elektrowandelt.de oder www.elektroshopwagner.de. Hierfür muss man kein Elektriker sein.
Kabel und Sicherungsautomaten sind im Baumarkt günstig genug. Am besten übernimmt das Ihr Elektriker.

Eine übliche Elektroinstallation besteht aus Steckdosen, Schaltern, Kabeln und einem Verteilerkasten mit Hauptschalter und Sicherungen. Je nach Verwendungszweck kommen Kabel mit verschieden Querschnitten und Anzahl an Leitern zum Einsatz. Am meisten verwendet werden Kabel mit der Bezeichnung: $3x1,5mm^2$.
Nämlich für Licht, normale Steckdosen, elektrische Rollläden usw. Die 3 steht für die Anzahl der Litzen. 1x Phase (hier liegt der Strom an), 1x Neutralleiter (hier fließt der Strom zurück, wenn in Verwendung) und 1x Schutzleiter (hier kann der Strom im Notfall abfließen, z.B. bei einem Kurzschluss mit dem Gehäuse).
Stärkere Kabel haben dann 5 Litzen, mit zwei zusätzlichen Phasen, und besitzen stärkere Querschnitte. Diese Kabel werden für leistungsstarke

Verbraucher wie Kochfelder, Backöfen und Durchlauferhitzer benötigt.
Die Wahl der Kabel sollte sicherheitshalber ein Elektriker treffen.

Der Verteilerkasten beinhaltet den Hauptschalter, die Sicherungen und im Idealfall einen oder mehrere Fi-Schutzschalter. Der Unterschied ist grob gesagt folgender:
Sicherungen schützen nur die Elektrik.
Zum Beispiel vor Überlastung oder bei einem Kurzschluss. Die Komponenten würden andernfalls sehr warm werden und könnten einen Brand auslösen.
Fi-Schutzschalter schützen uns Menschen. Sie sind viel feinfühliger als eine Sicherung. Fi-Schutzschalter messen ob auf dem Neutralleiter derselbe Strom zurück fließt wie auf der Phase zum Verbraucher hingeflossen ist. Ist das nicht der Fall, muss Strom irgendwo abgeflossen sein. Zum Beispiel durch eine Person hindurch in die Erde, oder bei einem Kurzschluss mit dem Gehäuse über den Schutzleiter.

Neue Kabel beim Aufschalten.

Bad

Zum Bad könnte man ganze Bücher schreiben. Wie groß der Aufwand ist, hängt stark vom persönlichen Anspruch ab. Soll es ein kompletter Neuaufbau sein, ggf. mit Abbruch von Wänden und damit verbundener Vergrößerung? Oder wollen Sie mit wenig Geld nur einen rein optischen Effekt erreichen? Wenn ich Wohnungen saniere um weiterzuverkaufen, betreibe ich den maximalen Aufwand, da das Bad wesentlich für den Eindruck der Wohnung ist, und sich anschließend auf einem Level mit Neubau befinden soll. D.h. in meinem Fall, der Raum wird komplett entkernt, Fliesen werden abgestemmt und Wasserleitungen rausgerissen - auch wenn diese aus Kupfer sind und man sie vielleicht noch nutzen kann. Sparen macht hier wenig Sinn. Meist benötigt man die neuen Armaturen an einer anderen Stelle als vorher und da das Bad komplett entkernt ist und man auf die nackten Steine guckt, ist es leicht die neuen Wasserleitungen in einem Rutsch durch zu verlegen. Ich bin hier übrigens ein Freund von Mehrschichtverbundrohr. Das besteht aus Kunststoff mit einem Metallkern (meist Alu oder Kupfer) und es lässt sich beliebig biegen. Wer sich traut, kann auch das in Eigenleistung verlegen! Ich empfehle dann so genannte Klemmfittinge zu verwenden. Das sind

quasi die Übergänge von Rohr auf Armatur oder auch von Rohr auf Rohr. Da sich diese Fittinge durch das bloße anziehen auf das Rohr >klemmen<, benötigen Sie hier nicht einmal Spezialwerkzeug! Kaufen können Sie das alles ebenfalls online z.B. auf www.heizungsdiscount24.de oder auch in den meisten Baumärkten, hier aber deutlich teurer.
Für die die sich das nicht trauen, habe ich vollstes Verständnis. Wasserschäden möchte niemand haben. Elektrik und Wasser sind die beiden Themen an die man sich besser nur mit kompetenter Unterstützung machen sollte.

Aktuell saniere ich wieder eine Eigentumswohnung. Das Haus ist Baujahr 1955 und für diese Wohnung ist es die erste Sanierung! Dass so lange nichts gemacht wurde kommt nur noch selten vor, ist für mich aber egal, da sowieso alles neu kommt. Im Gegenteil, es hilft mir sogar, da es andere Leute extra abschreckt. In diesem Fall war das Bad gelb und die Küche blau gefliest, die Badewanne war eine Gusseiserne mit Füßen. Die Chronologie von Badewannen ist ungefähr so: Sehr alt: Gusseisern, mittel alt: Blech tiefgezogen, modern: Kunststoff. Eine gusseiserne Badewanne ist unfassbar schwer. So ca. 200 kg. Sie das Treppenhaus runterzutragen, daran ist wirklich nicht zu denken. Das ist aber auch nicht notwendig. Denn gegossenes Metall hat die

Eigenschaft spröde zu sein. Es reicht mit einem großen Hammer auf die Badewanne einzuschlagen und sie zerspringt in Scherben!
Bis ich das bei meiner ersten Sanierung herausgefunden habe, hatte ich die Badewanne leider schon sehr kräftezehrend und sprachlos über das Gewicht in den Flur gebuckelt.
Die Scherben transportiert man dann einfach in einem Eimer nach draußen. Wie Sie Altmetall entsorgen, dazu später mehr im Kapitel Entsorgung.

Wer eine Bodentiefe Dusche möchte, hat es im eigenen Haus deutlich einfacher. Wie hoch der Boden der Dusche ausfällt, hängt davon ab wo das Fallrohr welches durch das Gebäude führt, seinen Anschluss für Ihr Bad hat. Hierhin nämlich muss das Wasser mit Gefälle fließen.

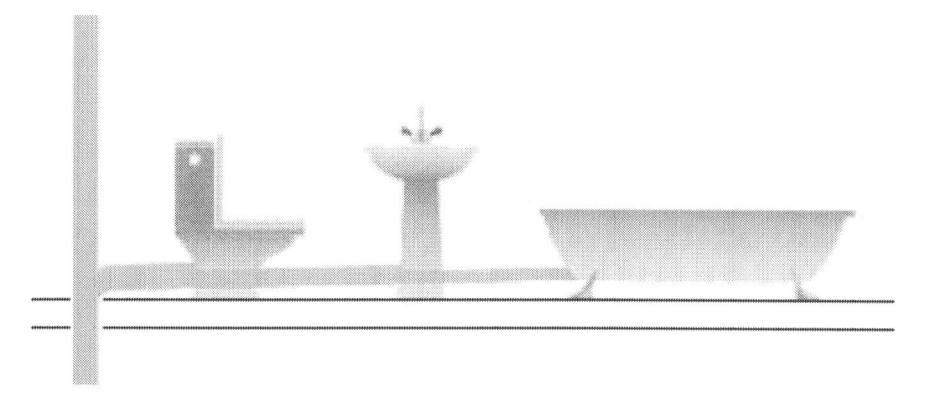

Leider ist in den meisten Fällen dieser Anschluss gerade nur so niedrig wie es für die Erstinstallation nötig war. Und in einer Eigentumswohnung können Sie dieses Fallrohr leider nicht ohne Weiteres verändern. Denn das Fallrohr gehört zum Gemeinschaftseigentum, es wäre also ein Antrag auf der Eigentümerversammlung notwendig, weshalb ich es in der Praxis noch nicht erlebt habe, dass jemand wegen dieser paar Zentimeter einen solchen Aufwand betreibt. Aber auch mit einer kleinen Stufe wird Ihre neue Dusche schön.

In Ihrem eigenen Haus würden Sie alternativ eben dieses Fallrohr kürzen, oder wie schon beim Beispiel der Küche erwähnt, die Abwasserleitung separat ins Stockwerk darunter abführen und erst hier an das Abwasserfallrohr anschließen. Dieses Stockwerk muss nicht der Keller sein. Wenn sich unter Ihrem Badezimmer das Gäste-WC befindet, können Sie das Abwasserrohr der Dusche mit einer abgehängten Decke im Gäste-WC kaschieren. Eine Win-Win-Situation.

Die abgehängte Decke gehört für mich übrigens zum Standard beim Sanieren von Bädern. Der Aufwand ist überschaubar und die LED-Strahler sehen einfach klasse aus.

Waren die Duschwannen früher aus Blech, sind sie heute meist aus Acryl, also Kunststoff. Beide Varianten stehen entweder auf Metallfüßen (gibt es für 10-20€) im Baumarkt oder auf einem Styropor-Wannenträger in Verbindung mit Bauschaum. Diese

Wannenträger sind sehr viel teurer (min.100€) und wenn Sie mich fragen, daher die schlechtere Wahl. Sehr beliebt sind auch gefliese Duschen. Hierfür gibt es fertige wasserdichte Hartschaum-Elemente, in welche der Ablauf schon integriert ist. Diese müssen nur noch befliest werden. Das Gefälle ist in auch schon eingearbeitet. Diese Hartschaum-Elemente sind in der Höhe so dimensioniert, dass sie den Estrich 1:1 ersetzen. Vorausgesetzt Sie haben das Problem mit dem Abwasser gelöst, entsteht so eine bodentiefe Dusche. Anstelle der fertigen Elemente kann man sich die zu fliesende Dusche mit Mauermörtel (kostet fast gar nichts) auch selber bauen. Diese Variante nutze ich immer, weil ich Edelstahl-Ablaufrinnen sehr schick finde und das Modell meiner Wahl verwenden kann. Diese Ablaufrinnen sind außerdem günstiger als fertige Hartschaum-Elemente. Auch sonst ist die Eigenbauvariante variabler, weil in den Abmessungen komplett flexibel. Hierfür wird die Ablaufrinne mit dem Abwasser verbunden, exakt positioniert und anschließend der Mauermörtel drumherum gegossen. Bevor gefliest wird, muss der getrocknete Mauermörtel noch abgedichtet werden, da Fliesenfugen nicht wasserdicht sind. Ich bin außerdem ein Fan von Duschabtrennungen aus Glas. Diese kaufen Sie bitte nicht für teuer Geld in der Badausstellung (gerne 1000€ und mehr), sondern online z.B. auf Amazon für ca. 200€ inkl. Speditionsversandt.

Voila, fertig ist die gefliese bodentiefe Hochglanzdusche für sehr wenig Geld.

Für den Fußboden des Bades können Sie ruhig die neuen Fliesen auf die Alten verlegen. Sie haben richtig gehört. Das spart eine Menge Zeit und Geld. Und ist übrigens kein Pfusch, sondern gängige Praxis. Oft stoße ich bei meinen Sanierungen auf mehrere Schichten Altfliesen. Vielleicht wohnen Sie auf solchen Schichten ohne es zu wissen.

Hier das Bad meines aktuellen Projektes vor der Sanierung.

Die Wand neben dem WC wurde eingerissen, so dass eine große Dusche entstehen konnte. Vorher war hinter diesem Vorsprung die Abstellkammer der Küche. Die Küche ist nun wiederum an einem ganz anderen Ort. Die Grundrisse des Buchcovers gehören zu dieser Wohnung.

Hier das Ergebnis nach der Sanierung.

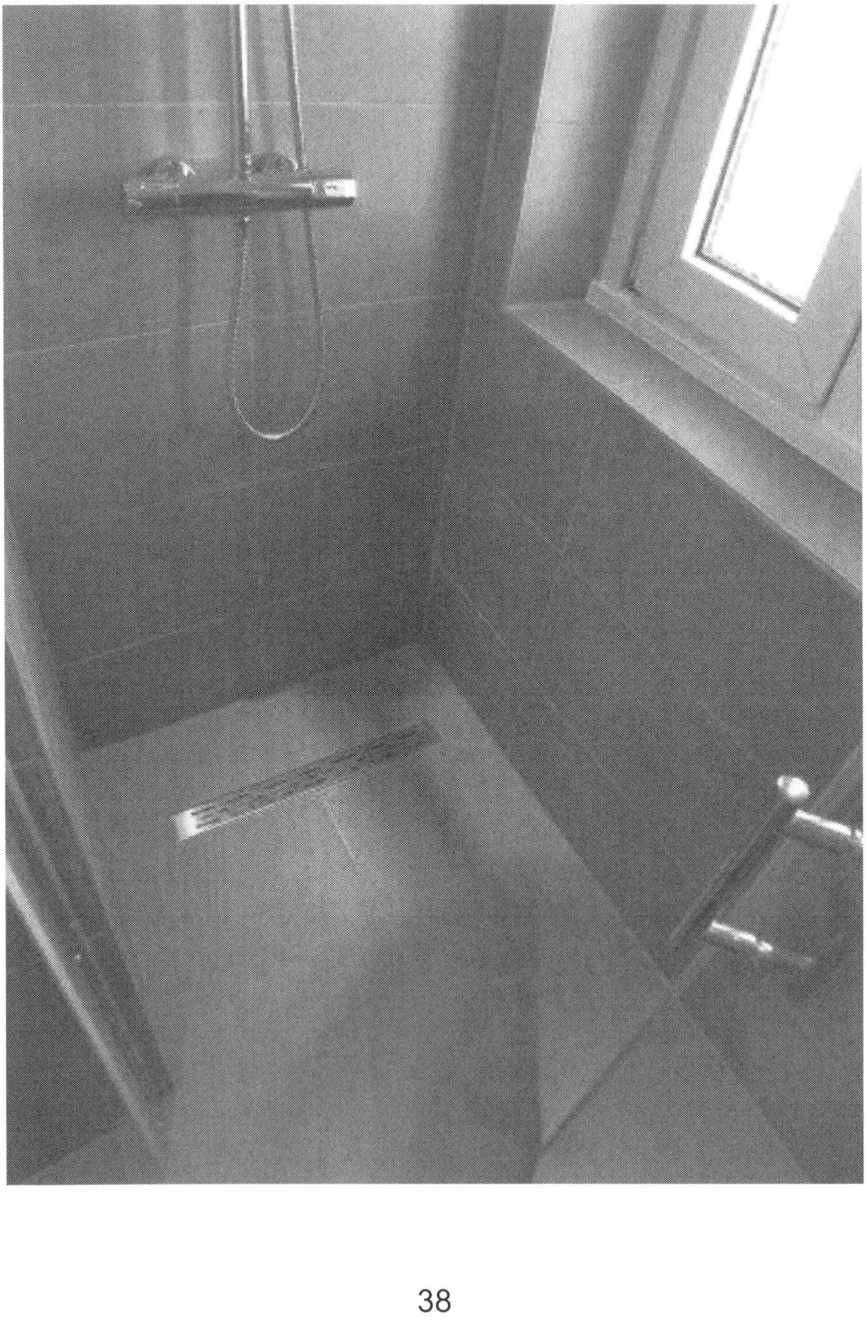

Soll Ihr neues Bad über eine Fußbodenheizung verfügen, muss der alte Boden natürlich raus. Und zwar einschließlich Estrich. Nachdem die Heizschleifen verlegt sind, wird der neue Estrich darüber gegossen. Dieser muss anschließend mehrere Wochen gleichmäßig trocknen.
Als unkomplizierte Variante einer Heizschleife kann man hierfür den Rücklauf des Badheizkörpers verwenden. Hier zeigt sich wieder der Vorteil des Mehrschichtverbundrohrs. Man biegt sich die Schleifen einfach so wie man sie braucht. Fußbodenheizungen funktionieren mit einer niedrigeren Temperatur. Beim Rücklauf ist das der Fall. Ihre Fußbodenheizung funktioniert dann natürlich nur, wenn auch der Badheizkörper heizt. In Eigentumswohnungen ist diese Variante aber mit Vorsicht zu genießen, da Sie der Heizungsanlage zusätzlich Wärme entziehen und diese verbrauchte Energie nicht Ihrer Wohnung zugerechnet werden kann. Sie heizen quasi schwarz. Mehr dazu im Kapitel **Heizung**.
Es gibt auch elektrische Fußbodenheizungen. Diese sind etwas einfacher zu verarbeiten, da diese nicht in den Estrich, sondern in den Fliesenkleber gelegt werden. Der Estrich bzw. der alte Fliesenboden können also als Unterbau bleiben.
Die Kosten einer Badsanierung schwanken stark. Für ein und dasselbe Ergebnis kann der Unterschied

10.000 € und mehr betragen, je nach dem wer die Arbeit für Sie ausführt und worüber das Material bezogen wird.

Aus diesem Grund gibt es später noch die sehr wichtigen Kapitel **Handwerkerwahl** und **Materialbezugsquellen**.

Jetzt noch ein Beispiel einer rein optischen Aufwertung. In einer vermieteten Wohnung habe ich kürzlich das Bad renoviert, um diese für den Verkauf schnell und günstig etwas aufzuwerten. (Wohnungen sollten in beliebten Gegenden eigentlich möglichst frei verkauft werden, aber das ist ein anderes Thema.)

Ich habe die Fliesen weiß lackieren lassen, auf den Boden Vinyl (von der Rolle) verklebt, das Waschbecken getauscht und ein Wand-WC mit Unterputzspülkasten eingebaut.

Für die Fliesen habe ich mir einen Maler genommen, den Rest habe ich selbst gemacht. Eigentlich wollte ich die Badewanne und die Dusche ebenfalls weiß lackieren lassen (ja das geht), habe auf Wunsch des Mieters aber darauf verzichtet. Durch die Vermietung stand ich sowieso unter einer gewissen Anspannung. Ausversehen eine Wasserleitung oder ein Stromkabel anbohren wäre hier fatal gewesen. Das Bad war das einzige der Wohnung und musste nach Feierabend wieder funktionieren. Letztendlich hat aber alles geklappt und die ganze Aktion hat mit dem Maler wie geplant 2 Tage gedauert und inkl. Lohn gerade mal 700€ gekostet.

Normalerweise wird ein Unterputzspülkasten mit Rigips beplankt und dieser anschließend gefliest. Das hätte aber mehr Zeit und einen Fliesenleger benötigt. Mehr als 2 Tage wollte ich dem Mieter nicht zumuten, außerdem wollte ich die Sache einfach halten, also habe ich mir etwas anderes einfallen lassen. Statt mit Rigips und Fliesen habe ich den Spülkasten mit Möbelfronten verkleidet. Genauer mit einer Ikea Küchenhochglanzfront. Für die Seiten habe ich matte Fronten genommen. Diese konnte ich selber vor Ort zusägen und mit dem Spülkasten verschrauben. Das Ergebnis ist durchaus nett anzusehen und durch die Hochglanzfront so gut wie einmalig!

Diese Badrenovierung ist sicher ein Extrembeispiel, hat dafür aber auch nur 700€ gekostet und hätte sich auch vollständig in Eigenleistung umsetzen lassen.

Fenster

Das Thema Fenster liegt mir ganz besonders am Herzen, da sich hier besonders gut sparen lässt. Zwar habe ich **normale Fenster** bisher nicht selber eingebaut und würde das auch nicht empfehlen, selber bestellen hingegen sehr wohl. Es gibt viele Fenstershops im Internet aus denen Sie wählen können. Mit Abstand am günstigsten ist www.fenster-sparfuchs.de. Ich habe für ein großes Einfamilienhaus alle Fenster dort bestellt und kann nichts Schlechtes sagen. Die Konfiguratoren dieser Onlineshops lassen keine Wünsche offen. Es gibt jede Art Fenster in jeder Variation. Fenster sind übrigens immer Maßanfertigungen. Man muss das alte Fenster also gut ausmessen. Am besten machen Sie das mit dem Handwerker zusammen, der Ihnen die Fenster einbaut. Ein Handwerker auf Stundenbasis ist hier gut investiertes Geld. Die Arbeit ist schwer und man will ja, dass alles dicht ist.

Bei **Dachfenstern** ist meine Erfahrung eine andere. Hiervon habe ich kürzlich selber vier in mein vermietetes Mehrfamilienhaus eingebaut, nachdem ich bei einem anderen Projekt zuvor einem Dachdecker einen Pauschalpreis pro Fenster gezahlt habe und mich gewundert habe, wie schnell und einfach das doch geht. Sehen können Sie das Ergebnis übrigens auf der Titelseite. Natürlich war der Respekt zunächst groß, die Dachziegel herauszunehmen und die Dachlatten zu zersägen. Von dort an gab es kein Zurück mehr. Einige YouTube-Videos haben mir aber vorher ganz gut beigebracht wie´s funktioniert! Tatsächlich erfolgt so ein Dachfenstereinbau nach dem Baukastenprinzip und ist an sich gar nicht schwer. Ist das Loch einmal im Dach, erledigt man einfach nacheinander die Schritte der Einbauanleitung. Ein Dachfenster muss Wind und Wetter standhalten wie kein anderes Bauteil eines Gebäudes. Der Einbau muss daher sehr kompliziert und anspruchsvoll sein, könnte man meinen. Doch gerade, weil die Ansprüche an die Dichtigkeit so hoch sind, ist der Aufbau eher funktional und simpel gehalten. Der Einbau ist quasi Idiotensicher. Der Übergang vom Fenster zu den Dachziegeln erfolgt durch einen so genannten Eindeckrahmen. Dieser liegt tiefer im Dach und wird, wie der Name schon sagt, von den Ziegeln zum Schluss eingedeckt. Die Ziegel überlappen also. Außer an der Unterseite, hier wird der Eindeckrahmen auf die Ziegel geführt, so dass das Wasser über diese abfließen kann. Der Rahmen wirkt für das Fenster und die umliegenden Ziegel wie eine Regenrinne. Auch die einzelnen Bleche des Eindeckrahmens überlappen sich jeweils nach unten.

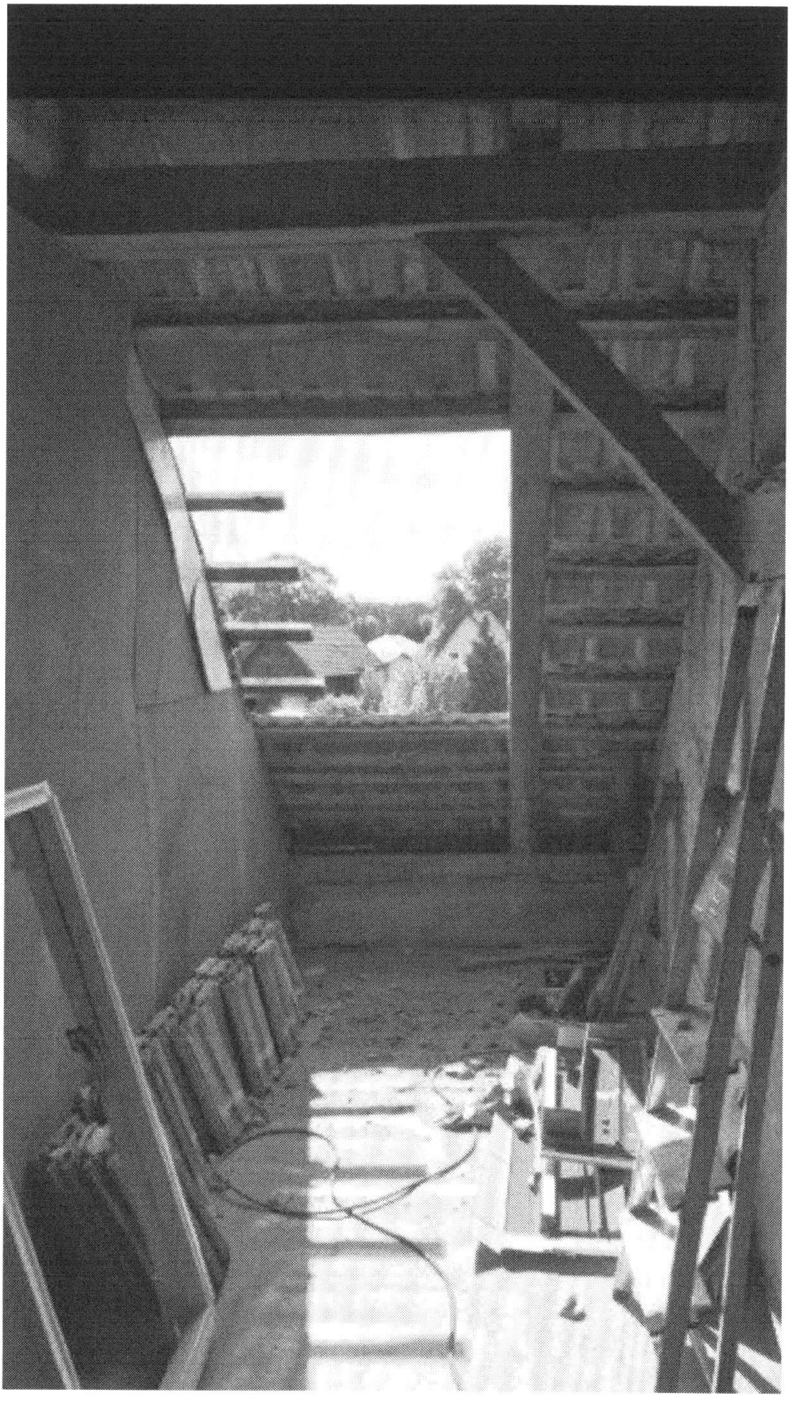

Da die Dachziegel selten im Ganzen an das Fenster passen, müssen sie auf Maß geschnitten werden.
Am einfachsten geht das mit einem großen Winkelschleifer und den Dachziegeln auf dem Boden liegend.
Bezogen habe ich meine Dachfenster über Amazon von einem unbekannten Hersteller, jedoch mit passablen Bewertungen, in den Maßen 78 x 118 cm für je 210€ inkl. Eindeckrahmen!
Das gleichgroße Veluxfenster kostet ziemlich genau das doppelte.
Velux hat jedoch den Vorteil der passenden Zubehörartikel wie elektrisch angetriebene Außenrollläden oder Innenjalousien.
Auf www.dachfenstershop.de können Sie sowohl Veluxfenster, als auch welche eines günstigen Herstellers kaufen.
Am meisten sparen lässt sich jedoch definitiv durch den eigenen Einbau.
Dachdecker bauen in der Regel ausschließlich Markenfenster ein und sehen es nicht gerne, wenn Sie diese schon selbst besorgt haben. Grund dafür, er verdient auch am Materialpreis des Fensters den er Ihnen in Rechnung stellt. Für den Einbau eines Dachfensters, in den zuvor erwähnten gewöhnlichen Maßen, durch einen Dachdecker, müssten Sie ca. 900€ rechnen. Für ein Fenster wohl bemerkt. Sie sehen, bei mehreren Dachfenstern kommt hier ganz

gut was zusammen und die Ersparnis durch Eigenleistung beträgt schnell mehrere tausend Euro.

Nach dem das Fenster wetterdicht ins Dach gebaut wurde, fehlt nur noch der Innenausbau. Obwohl dieser nur kosmetisch ist, sollte man die Arbeit nicht unterschätzen. Üblicherweise erfolgt die Fensterlaibung durch Trockenbau. Also Rigipsplatten auf einer Holzkonstruktion. Ich mag es, wenn die obere Laibung waagerecht und die untere senkrecht ausgeführt wird. Also nicht rechtwinklig zur Fensterfläche. Dadurch wirkt das Fenster größer und es kommt mehr Licht hinein.

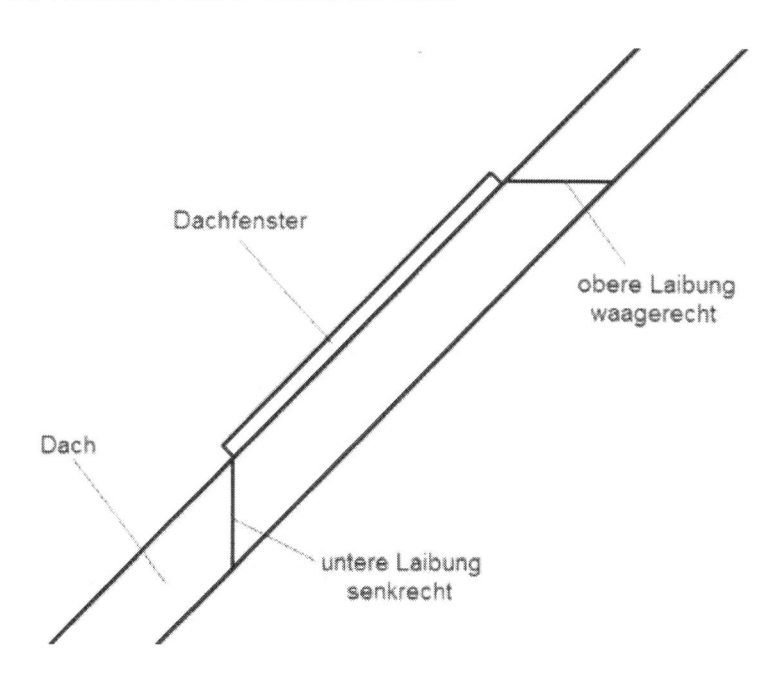

Bis hierhin schafft man es in der Regel allein. Doch spätestens, wenn es ans Spachteln geht, lasse ich die Profis ran. Da hier besonders viele Ecken und Kanten zu spachteln sind, gehört dieser Bereich zu den anspruchsvolleren Spachtelarbeiten.

Speziell für Velux gibt es alternativ auch fertige Lösungen. Das so genannte Innenfutter. Ein weißer Holzrahmen der genau zum Fenster passt, erspart Ihnen den zuvor genannten recht aufwendigen Innenausbau und kann sich daher lohnen.

Heizung

Heizkörper in einer Wohnung zu tauschen ist jedes Mal auf neue nervenaufreibend.
Meist handelt es sich um eine Zentralheizung und da ich alte Wohnungen saniere, gibt es vor den Heizkörpern keine Absperrventile. Das bedeutet meine Arbeiten beeinträchtigen das ganze Haus. Denn um die Heizkörper in meiner Wohnung abnehmen zu können, muss der Druck von der gesamten Anlage genommen werden. Manchmal gibt es im Keller zusätzliche Absperrventile so dass es reicht nur einzelne Stränge zu sperren. Wenn es blöd läuft, schließen diese Ventile jedoch nicht mehr richtig. Wenn dann die Heizung nicht zugänglich ist, weil z.B. im Keller eines anderen Aufgangs, wird es unschön. Man lässt das Wasser in der Wohnung ablaufen und hofft, dass man so mehr ablässt als durch das nichtschließende Ventil im Keller nachströmt, so dass der Druck dann irgendwann weniger wird. Ist der Heizkörper ab, bzw. die Leitung an anderer Stelle durchtrennt, wird als erstes ein Ventil montiert. Von hier aus wird jetzt neu verrohrt. Vor der Heizsaison muss die Anlage wieder voll befüllt werden. Das ist aber keine große Sache und geschieht durch die Verwaltung sowieso regelmäßig. Mindestens einmal im Jahr kommt die Heizungsfirma,

mit welcher die Gemeinschaft den Wartungsvertrag geschlossen hat und kontrolliert alles.
Im eigenen Häuschen besitzen Sie Ihre eigene Heizung. Egal ob durch Gas, Öl, Holzpellets oder Fernwärme beheizt, Sie können diese einfach abstellen und so z.B. unkompliziert einen Badheizkörper nachrüsten oder alte Heizkörper gegen neue tauschen.
Als Wohnungseigentümer haben Sie keinen Einfluss auf die Art der Beheizung. Ich nenne im Folgenden daher nur zur Information die gängigsten Varianten.

In einem Mehrfamilienhaus sind entweder alle Wohnungen mit einer eigenen Gastherme ausgestattet oder es gibt eine Zentralheizung.
Die eigene Gastherme hat dieselben Vorteile wie beim Häuschen. Außerdem zahlen Sie nur was Sie verbrauchen, da Sie einen eigenen Gaszähler haben und so direkt an den Gasversorger zahlen.
Anders bei einer Zentralheizung. Es gibt nur einen Zähler für das gesamte Haus und der Verbrauch der einzelnen Wohnungen muss aufwendig ermittelt und abgerechnet werden. Der (Wärme)-Verbrauch wird durch so genannte Heizkostenverteiler (HKV) an den Heizkörpern ermittelt und über einen Messdienstleister abgerechnet.
Werden die Heizkörper getauscht, sollten die Heizkostenverteiler zügig neu montiert werden. Das

geschieht nicht durch Ihren Handwerker, sondern durch die Messdienstleister, welche diese Geräte ablesen.

Die Montage ist genaustens geregelt. Schließlich geht es bei der Heizkostenabrechnung um viel Geld. Die Heizkostenverteiler werden hierfür auf den Heizkörper gelötet, so dass eine metallische gut wärmeleitende Verbindung entsteht. Der Lack des Heizkörpers wird hierfür an der späteren Wärmebrücke zuvor abgeschliffen. Auch die exakten Maße des neuen Heizkörpers werden durch den Monteur erfasst und spielen später für die

Abrechnung eine Rolle. Je größer der Heizkörper, desto mehr Wärme kann er abgeben und desto mehr Energie wird der Anlage entnommen.

Das Warmwasser wird entweder durch die eigene Gastherme erhitzt, durch die Zentralheizung oder elektrisch in Ihrer Wohnung per Durchlauferhitzer oder Boiler. Ein Durchlauferhitzer braucht im Falle der Erzeugung zwar viel Strom, spricht aber sehr schnell an, was ihn sehr effektiv macht. Man muss auch nicht lange auf das Warmwasser warten, da sie meist im Bad installiert wurden.
Bei einer Zentralheizung kann das schon länger dauern. Bis dahin sind viele Liter geflossen, die Ihnen als Bewohner einer Wohnung bereits als Warmwasser abgerechnet werden!
Außerdem entstehen der Gemeinschaft natürlich Wärmeverluste durch die langen Rohrleitungen. Abzuraten ist von einem Boiler, welcher das Warmwasser dauerhaft vorhält und außerdem unschön aussieht.

So eine Heizungsanlage kann kaputt gehen und ist daher eines der großen Kostenrisiken einer Immobilie. Ich bin daher ein Freund von Fernwärme. Hier kommt die Wärme bereits fertig ins Haus und wird mittels Wärmetauscher nur noch auf den Hauskreislauf übertragen. Keine Heizöltanks, keine

Verbrennung vor Ort, kein Schornstein, kein Schornsteinfeger.
Der einzige Nachteil ist, man kann sich den Versorger nicht aussuchen.

Fußbodenheizungen nachzurüsten ist sehr aufwendig. Der gesamte Fußbodenaufbau inkl. Estrich muss neu aufgebaut werden und im Mehrfamilienhaus stellt einen das Thema Verbrauchsmessung vor Herausforderungen. Heizkostenverteiler (wie bei klassischen Heizkörpern) funktionieren hier nicht, stattdessen muss mittels Wärmemengenzähler gemessen werden. Dieser wird direkt in die Leitung gebaut und misst dann die verbrauchte Energie über den Durchfluss.

Wasserführende Fußbodenheizungen sprechen leider nur sehr langsam an.
Das führt dann dazu, dass die Wärme nicht im gewünschten Moment anliegt, bzw. noch Energie verbraucht wird, wenn es nicht mehr nötig ist.
Am praktikabelsten ist es daher, gerade bei großen Flächen, die Fußbodenheizung mit konstanter Temperatur über Tage durchlaufen zu lassen. Dieses Vorgehen schafft dann aber meist keine wirklich warme Oberfläche.
Bei kleinen Flächen, wie z.B. im Bad, ist die elektrische Variante eine durchaus nennenswerte

Alternative. Der Estrich kann bleiben und die Wärme ist rasch da. Zum dauerhaften Heizen, durch den Stromverbrauch, jedoch zu teuer.

Trockenbau

Unter Trockenbau versteht man eine schnelle und verhältnismäßig einfache Konstruktion, um beispielsweise Räume abzutrennen. Diese Wände werden auch häufig Leichtbauwände genannt. Man kann Sie als unerfahrener Heimwerker gut in Eigenleistung bauen. Bestehen tut so eine Trockenbauwand im Wesentlichen aus Metallprofilen, Rigipsplatten, Dämmung und Schrauben. Die Materialien sind recht günstig und Sie finden Sie in jedem Baumarkt oder beim Baustoffhändler. Das Blech der Metallprofile lässt sich einfach mit einer Handblechschere auf die gewünschte Länge kürzen. Es gibt die Profile in 50mm, 75mm oder 100mm Stärke. Entsprechend dazu ist die Dämmung zu wählen. Der große Vorteil ist liegt in der Geschwindigkeit in welcher sich so eine Wand bauen lässt. Durch die Metallprofile gelingt sie auch dem Laien gleichmäßig gerade und senkrecht. Außerdem nehmen solche Wände sehr unkompliziert Kabel, Steckdosen, Lichtschalter oder Wasserleitungen auf. Gemauerte Wände müssen hierfür aufwendig aufgestemmt, geschlitzt und anschließend wieder verspachtelt werden.
Beginnen tut man mit den U-Profilen, sie werden an Boden, Decke und den Wandenden mit dem

Gebäude verschraubt. In die Boden- und Deckenprofile werden dann die Ständerprofile gestellt. Den Abstand den diese zueinander haben, richtet sich nach den Maßen der Rigipsplatten. Meistens 60cm. So dass der Übergang von zwei Platten am Ständerwerk erfolgt. Mit speziellen Trockenbauschrauben werden die Platten nun mit den Profilen verbunden. Vorbohren ist nicht nötig. Die Schrauben bohren sich von selbst durch die Profile. Die Platten lassen sich ganz einfach auf Maß bringen, in dem eine Seite mit einem Messer angeritzt wird und die Platte dann an dieser Stelle über eine Kante gebrochen wird.

Ist eine Seite fertig beplankt, kann die Dämmung und ggf. Kabel oder Wasserleitungen eingebracht werden. Ist die Wand von beiden Seiten beplankt müssen die Übergänge nur noch verspachtelt werden. Haben Sie einen sehr hohen Anspruch an die Glätte, überlassen Sie die Arbeit besser einem Profi.

Ein Irrglaube ist übrigens, dass sich an einer Trockenbauwand nichts befestigen lässt. Es gibt hierfür diverse Spezialdübel. Einige wirken durch auseinanderklappen im Hohlraum der Wand, so dass eine sehr große Fläche entsteht, auf die die Kraft fortan verteilt wird.

Auch richtig schwere Lasten wie z.B. Küchenoberschränke lassen sich montieren. In so einem Fall schraubt man schlicht durch die Rigipsplatte direkt in das Ständerprofil. Die Last ist dann fest mit der Konstruktion verbunden. Dazu muss man natürlich wissen, wo genau sich die Profile befinden. Am besten markiert man sich schon beim Bau der Wand wo die Profile liegen. Andernfalls muss man Probebohrungen in kleinen Abständen vornehmen, bis man auf die Profile trifft. Ein Leitungsfinder kann hierbei helfen.

Handwerkerauswahl

Jetzt zu einem nicht ganz so einfachen Thema. Der Auswahl der richtigen Handwerker.
Natürlich können Sie wie im zweiten Kapitel beschrieben, einfach örtliche Handwerksfirmen mit der kompletten Sanierung beauftragen. Sie holen sich dann drei Angebote ein und nehmen das günstigste.
Aber in diesem Buch soll es ja darum gehen wie man günstig saniert. Und das klappt nicht auf diesem Wege, sondern durch Material was Sie selber besorgen dürfen, etwas Eigenleistung und Unterstützung durch einzelne Handwerker die ihre Arbeitsleistung anbieten.
Auch Freunde oder Familie dürfen Sie legal einspannen. Nach dem Motto: hilfst du mir in diesem Jahr, helfe ich dir im nächsten. Sogar Geld darf fließen. Die Summe darf aber keiner normalen Bezahlung entsprechen. Im Idealfall melden Sie die arbeitenden Personen bei der BG-Bau oder der Unfallkasse der öffentlichen Hand. So sind Ihre Bekannten vor Unfällen geschützt.

Zu Handwerkern: Warum sollten diese sich alleine selbstständig machen und arbeiten nicht als Angestellte einer Firma? Wahrscheinlich ist es eine

Kombination aus Flexibilität, das Gefühl sein eigener Chef zu sein und der Möglichkeit etwas mehr Geld zu verdienen.
Diese Leute haben als Einzelunternehmer ein Gewerbe angemeldet und können ganz normal Rechnungen schreiben.
Ich habe fast alle meine Handwerker, auch die die ich jetzt routinemäßig beauftrage, über ebay-kleinanzeigen gefunden!
Einige andere auch über www.my-hammer.de und einige über den Bekanntenkreis.

Ganz selten komme ich mit dieser Methode nicht weiter bzw. habe keine Lust auf Experimente und benötige nur kurz hundertprozentige Fachkenntnis. Dann google ich nach Handwerksfirmen in der Nähe. Gerade habe ich z.B. in einer Wohnung die Warmwasserversorgung von einer sehr alten Gastherme auf Durchlauferhitzer umgestellt. Es lief lediglich die Warmwasserversorgung über die Gastherme, geheizt wurde bereits per Zentralheizung. Die Therme war alt, nahm viel Platz ein, sah hässlich aus und verursachte regelmäßig Schornsteinfegerkosten, weshalb ein Durchlauferhitzer die deutlich bessere Alternative ist. Die Therme flog raus. Jetzt musste ich noch den Gaszähler loswerden. Das Ding ist ebenfalls nicht klein und verursacht außerdem eine Zählergebühr.

Ich habe mich daher beim Gasversorger erkundigt, was für die Abmeldung des Anschlusses nötig ist. Der Ausbau selbst dauert 2 min, ich kann das alleine, vor dem Zähler war noch ein Absperrhahn, aber ich wollte die Wohnung ja offiziell vom Gasnetz abmelden. Für die ordentliche Abmeldung wollte der Versorger eine Ausbaubestätigung des Zählers durch einen eingetragenen Fachbetrieb! Mein Handwerker kann mir das nicht liefern das wusste ich gleich, weshalb ich nur für diese paar Handgriffe einen Fachbetrieb brauchte. Ich habe ein Foto vom Zähler gemacht und drei Firmen aus der Nähe die Sache per E-Mail geschildert. Der günstigste hat es nun für 37€ erledigt.

Selbst an zupacken ist natürlich auch immer eine tolle Option. Man hat keine Kosten, lernt viel und wenn alles fertig ist, ist es ein tolles Gefühl, dass Eigenleistung in dem Projekt steckt.
Allerdings hat auch Ihre Freizeit einen Wert! Und zwar umso mehr, desto weniger Sie davon haben. Wie viel einem die eigene Zeit wert ist, merkt man meist erst jetzt, wenn man vor der Wahl steht: Handwerker beauftragen oder selber machen? Wie die Gewichtung aussieht, müssen Sie selbst entscheiden.

Wenn Sie das erste mal auf den Handwerker treffen besprechen Sie alles ausgiebig und lassen ihn die Arbeit einschätzen.
Einmal hatte ich den Fall, dass sich ein Fliesenleger zu fein war, die Fliesen aus dem Keller nach oben ins Bad zu tragen.
Ein anderes Mal wollte ein Klempner mein Material aus dem Baumarkt nicht verbauen.
Weil ich nicht wusste was später noch folgt, habe ich diese Handwerker dann nicht beschäftigt.
Diese Fälle sind aber die Ausnahme. In der Regel sind freie Handwerker überaus hilfsbereit.
Es muss übrigens nicht unbedingt ein Festpreis sein. Dieser schafft zwar Sicherheit, aber wenn der Stundenlohn ok ist und Sie sowieso auf der Baustelle sind und den Handwerker so gelegentlich im Blick haben, spricht nichts gegen eine Bezahlung auf Stundenbasis. Bezahlt wird natürlich im Anschluss an die Arbeit.

Schon häufiger habe ich von Leuten gehört, die einen Umbau vor sich herschieben, weil Sie Angst haben den Handwerkern vollkommen ausgeliefert zu sein. Ich finde das traurig und hoffe ich kann Sie mit diesem Buch etwas aus der Opferrolle befreien. Seien Sie skeptisch und lassen Sie sich nichts vom Pferd erzählen. Und wenn doch Probleme auftreten, fragen Sie kritisch nach bis Sie es verstanden haben.

Material – Baumarkt, Onlineshops uvm.

Egal ob neue Badewanne, Fliesen, Rigipsplatten oder Zementsäcke.
Wege an das Material zu kommen gibt es viele.
Sofern sie keine Handwerksfirmen beauftragen, können Sie sich selber nach dem Material umschauen und so meist deutlich sparen.
Ein gesunder Mittelweg aus günstig und komfortabel soll es sein.

Baumärkte sind wohl die Universallösung fürs Material. Es gibt eigentlich alles, der Preis stimmt meistens und die Artikel sind sofort verfügbar. Dazu gibt es sogar Beratung. Diese ist zwar nicht immer ganz fachlich korrekt, doch lässt sich damit etwas anfangen und ist somit besser als gar keine.
Ich kaufe hier immer Fliesen, Laminat, Farbe und Dinge fürs Bad selbst ein. Meine Handwerker noch vieles andere für meine Baustellen.
Für Fliesen und Laminat frage ich die Verkäufer immer, ob sie mir die Palette zum Warenausgang fahren können, so dass ich direkt ins Auto laden kann. Meistens klappt das und ich spare mir das umladen der schweren Pakete auf den Einkaufswagen. Sehr angenehm.

Einige Baumärkte bieten für diesen Zweck auch einen Drive-in an. Ein spezieller Bereich des Baumarktes in dem sperriges Material wie z.B. Holz gelagert wird.
Man hält mit dem Auto direkt vor dem Regal, lädt es voll, notiert das Material auf einem Klemmbrett und bezahlt bei der Ausfahrt.
Ich habe gerade vor kurzem Badfliesen gekauft. 30x60 cm, in grau, sehr edel, diesen Farbton wollte ich schon immer mal verbauen, war mir bisher aber zu teuer. Dieses Mal gab es welche für 4€/m² im Resteregal. Ich habe sicherheitshalber alle Pakete gekauft. (mittlerweile ist das Bad fertig, es ist das im Kapitel Bad)
Normalerweise nehme ich für den Boden anthrazit und für die Wände Beige oder Weiß, ebenfalls 30x60 cm. Diese Fliesen gibt es ständig für max. 10€/m² in nahezu jedem Baumarkt. Mehr ausgeben muss man nicht. Gerade Fliesen sieht man es später nicht an, wie teuer sie waren und wo sie gekauft wurden!

Baustoffhändler sind mehr auf großes, sperriges und schweres Material spezialisiert und etwas mehr auf den Gewerbekunden ausgerichtet. Nicht destotrotz können Sie auch als Privatperson hier bestellen. Die Lieferung ist hier Standard, nicht teuer und benötigt nicht viel Vorlauf.

Hier kann man sehr gut große Mengen Rigipsplatten,
Dämmwolle, Zementsäcke oder Holz bestellen.
Die Lieferung kommt per LKW und wird binnen
weniger Minuten per Ladekran abgesetzt.

in **Bäderstudios** zu kaufen empfehle ich nur, sollte Geld bei Ihnen keine Rolle spielen. Super zur Inspiration, sind Bäderstudios bzw. Badausstellungen doch sehr teuer. Sicher sind die Verkaufsgespräche bei einem Kaffee nett, aber die großen Ausstellungsflächen müssen schlussendlich von irgendwem bezahlt werden.
Günstiges Material wird schlicht nicht angeboten und kann auch nicht bestellt werden. Oft sieht man es den Dingen später nicht an, dass sie einmal teuer waren. Bestes Beispiel: Wand-WC, ich nehme immer das günstigste Model aus dem Baumarkt für 29€. Kombiniert mit einem Sitz mit Absenkautomatik wirkt das ganze absolut hochwertig.
Auch die Glasabtrennung für Ihre Walk-in-Dusche kaufen Sie bitte nicht hier für über 1000€, sondern im Internet für ca. 200€ inkl. Lieferung.
Kombiniert mit günstigen Fliesen aus dem Baumarkt, steht auch so Ihrem Hochglanz-Designerbad absolut nichts im Wege.

Das **Internet** ist die günstige Alternative. Nachteil: Es gibt keine Beratung, man kann sich die Produkte schlecht anschauen und die Lieferung großer Teile ist manchmal umständlich.
Wie in den Kapiteln Bad und Elektrik erwähnt, kann man Dinge hierfür ganz besonders günstig und gut in besagten Onlineshops bestellen. Das gilt u.A. im

Bereich Elektrik für Steckdosen, Lichtschalter und die entsprechenden Rahmen, sowie im Bereich Heizung/Sanitär für Heizkörper, Mehrschichtverbundrohr und Fittinge.
Die Preisdifferenz zu anderen Bezugsquellen ist enorm.
Auf Amazon bestelle ich jedes Mal Armaturen, Glasduschabtrennungen/Kabinen, LED-Spots, Dachfenster, WC-Spülkästen und noch einiges mehr. Die Lieferung ist in der Regel absolut unproblematisch. Ich lasse immer direkt auf die Baustelle liefern, da hier ständig jemand ist und die Pakete annehmen kann. Große Teile werden per Spedition geliefert. Man wird dann kurz vor der Lieferung telefonisch informiert.
Gerade hatte ich einen Fall wo das leider nicht geklappt hat. Ich habe einen Backofen für die Küche separat bestellt (Sie erinnern sich, bei IKEA gibt es keine Markengeräte) und von der Spedition weder einen eingrenzenden Liefertermin noch einen Anruf erhalten. Zwei Mal sind sie umsonst gekommen, bis auf meine Mails reagiert wurde und ich vor der dritten Lieferung einen Anruf erhalten habe.

Entsorgung

Ein Thema was gerne unterschätzt wird: Die Entsorgung. Wohin mit dem Bauschutt, alten Heizkörpern, Fenstern und anderen Dingen die Sie los werden wollen?
Hier zeigt sich ein Vorteil von Handwerksfirmen. Die Entsorgung des alten Materials ist so gut wie immer im Leistungsumfang enthalten. Die Handwerksbetriebe haben hierfür eine eigene Infrastruktur, meist in Form von Containern auf dem Firmengelände oder bei größeren Baustellen auf der Baustelle selbst.
Aber auch für Sie selbst gibt es komfortable Möglichkeiten alles zu entsorgen.
Zuerst zum Metall: also Heizkörper, Stahlträger, Bade- oder Duschwannen, Rohrleitungen und Kabel. Das alles ist bares Geld wert, weshalb es Leute gibt, die aktiv danach suchen!
Das geht soweit, dass diese Leute Ihnen die Heizkörper sogar an Ort und Stelle demontieren. Zu finden sind diese Altmetallsammler gut auf ebay-kleinanzeigen. Natürlich sollten Sie etwas vorsichtig sein, wen Sie in Ihr Haus lassen. Es ist daher immer noch gut genug, wenn das Altmetall von Ihrer Grundstücksgrenze abgeholt wird. Hierfür müssen Sie noch nicht mal jemanden kontaktieren. Leute

fahren auf der Suche nach "Beute" regelmäßig langsam durch die Straßen und halten Ausschau. Entweder werden Sie freundlich gefragt ob Sie das Altmetall noch brauchen oder der Heizkörper der heute an der Laterne lehnt ist morgen von allein verschwunden.
Natürlich könnten Sie Ihr Altmetall auch selbst zum Schrotthändler bringen. Für mehrere alte gusseiserne Heizkörper können 100€ oder mehr zusammenkommen. Dafür haben Sie dann aber auch ordentlich geschuftet, weshalb es mir den Aufwand nicht wert ist. Außerdem hat man auf der Baustelle andere Sorgen und möchte vorankommen.

Einen Abnehmer für die gesamten alten Fenster eines Einfamilienhauses habe ich ebenfalls schon auf ebay-kleinanzeigen gefunden. Das war aber kein Händler, sondern ein Familienvater der mit seinem Sohn ein Gewächshaus bauen wollte.
Ich hatte die Fenster schlicht fotografiert und eine knappe Zu Verschenken-Anzeige erstellt.

Für typischen Baustellenabfall wie Mauersteine, Mörtel, Fliesen, Holz, Styropor u.Ä. rate ich von Container ab und empfehle so genannte BigBags. Das sind große weiße Säcke aus stabilem Material in die genau 1 Kubikmeter passt. Diese Säcke erfreuen sich seit einigen Jahren großer Beliebtheit.

Wahrscheinlich haben Sie auch schon welche am Straßenrand gesehen. Diese BigBags sind günstiger als Container und deutlich flexibler. Man kauft sie sauber gefaltet im Baumarkt und nutzt auf der Baustelle so viele wie man benötigt, während man den Container wo möglich zu groß oder klein bestellt hat. Ein entscheidender Vorteil. Ein bekannter Baumarkt hat die BigBags in Hamburg dauerhaft für 65€ im Angebot. Entsorgung und Abtransport ist mit dem Preis bereits bezahlt. Ein 3 Kubikmeter Container kostet aktuell 315€. Ist also deutlich teurer als drei BigBags, plus dass es wie gesagt sein kann, dass Sie gar keine 3 Kubikmeter brauchen.

Auch ein 7 Kubikmeter-Container kostet noch mehr als 7 BigBags.

Dazu kommt, dass Sie für den Container eine Abstellgenehmigung brauchen, wenn dieser auf öffentlichem Grund stehen soll.

Für die BigBags gilt das theoretisch auch, wird aber nicht so streng gehandhabt, vorausgesetzt Sie übertreiben es nicht. Dadurch dass man die Säcke schnell voll hat, kann man diese auch schnell abholen lassen, so dass sie nicht so lang stehen wie Container. Wenn mal gar kein Platz ist und sie ungünstig im Weg stehen, lässt man sie eben einzeln am Tag der jeweiligen Befüllung abholen. Es gibt keine Mindestabholmenge.

In die Bigbags darf so ziemlich alles rein, was auf der Baustelle anfällt. Bauschutt, Putz, Fliesen, Keramik, Kabelreste, Holz, Metalle, Teppichreste, Styropor, Tapetenreste und Kunststoffe. Es handelt sich hierbei um Baustellenmischabfall. Auch die Verpackungen von der Mittagspause Ihrer Handwerker dürfen hier rein.

Die Bigbags mit Teppich, Holz, Styropor oder Verpackungsfolien zu füllen und somit für diese Stoffe zu bezahlen, ist aber taktisch unklug, da Sie all diese Sachen kostenlos in den Städtischen Recyclinghöfen entsorgen dürfen. Zumindest gilt das für Hamburg und wird daher bundesweit sicher ganz ähnlich gehandhabt.

Ich empfinde jedes Mal ein befreiendes Gefühl, wenn ich mit leerem Auto vom Recyclinghof fahre.

Sollte Ihnen Ihr Auto für den Transport zu schade sein und es sich sowieso um größere Mengen Bauschutt, Holz, Teppich oder anderen Sperrmüll handeln, kann ein Container wiederum Sinn machen, in welchen nur bestimmte Stoffe dürfen. Diese sind deutlich günstiger als Container für "Baustellenmischabfall" bei welchen Sie nicht besonders sortieren müssen.

So gibt es neben der bekannten Sperrmüllabfuhr z.B. Container für so genannten mineralischen Bauschutt. Also Mauerwerk, Beton, Putz, Ziegel oder Keramik. Das alles wird später klein gebrochen und z.B. als Schotter wiederverwendet.

Vielleicht können Sie einen solchen Container mit BigBags für alles andere, kombinieren?

Beispiel einer Sanierung

In diesem Kapitel begleiten wir eine fiktive Sanierung inkl. anfallender Kosten, Schritt für Schritt.
Unsere Beispielimmobilie ist eine 90 qm, 4-Zimmer Erdgeschosswohnung mit Terrasse.
Dieses Beispiel lässt sich daher auch gut auf kleine Reihenhäuser anwenden.
Es sollen zwei Bäder, die Elektrik, die Küche, alle Heizkörper, Böden, Wände und Decken erneuert werden. Der jetzige Zustand ist stark renovierungsbedürftig. Das Bad ist blau gefliest, die Küche braun mit einer Einbauküche in Eiche, Das Wohnzimmer ist mit Holz vertäfelt, die Elektrik mit alten Schmelzsicherungen und zwei Stromkreisen nicht mehr auf dem Stand der Zeit.
Der Eigentümer hat sich für die Sanierung 6 Wochen frei genommen. Drei Wochen Urlaub und drei Wochen Abbau von Überstunden. In dieser Zeit kümmert er sich um die Abläufe auf der Baustelle, bestellt und besorgt Material, arbeitet aber auch selbst mit. Er ist handwerklich eher Anfänger, hat dafür aber Unterstützung aus dem Bekanntenkreis. Der Schwager ist Sanitär & Heizungsbauer, Freunde helfen bei einfachen Dingen, wie Tapeten entfernen. Den Abbruch machen wir selbst.

Für die Elektrik und das Fliesenlegen brauchen wir definitiv externe professionelle Unterstützung. Weil unser Eigentümer außerdem einen hohen Anspruch an die Malerarbeiten hat und perfekt glatt gespachtelte Wände und Decken ohne Tapeten möchte, benötigen wir noch einen Maler. Außerdem benötigen wir noch jemanden für die etwas einfacheren Tätigkeiten. Laminat verlegen, Türzargen einbauen, beim Abriss helfen. Nennen wir ihn Pawel. Sie haben ihn ebenfalls online gefunden und er arbeitet auf Stundenbasis für 16€.

Mit der Handwerkersuche beginnen wir am besten ein paar Wochen im Voraus. Wir suchen uns eine Firma für Elektroinstallationen in der direkten Nähe, so hat die Firma keine langen Anfahrten, was wir bzgl. der Preisverhandlung erwähnen. Die Firma macht die komplette Elektrik inkl. neuem Sicherungskasten zum Festpreis für 4000€. Mit der Firma ist abgemacht, dass Sie die Steckdosen und Schalter selbst besorgen dürfen. Alles andere ist im Preis enthalten. Die gefrästen Kabelschlitze in den Wänden werden durch Ihren Maler zu gespachtelt. Den Fliesenleger und den Maler suchen wir uns auf Ebay-kleinanzeigen. Der Fliesenleger misst alles aus und würde das Bad, das Gäste-WC und die Küche für 1800€ verfliesen. Wir willigen ein. Der Maler nimmt 3500€ zzgl. Material, welches er für Sie so

günstig wie möglich im Baumarkt kauft und mit zur Baustelle bringt.
Häufig ergeben sich in dieser Phase interessante Kontakte. Die Handwerker sehen, dass noch mehr zu tun ist und fragen nach, ob Sie noch bei anderen Arbeiten Hilfe brauchen.
Mit unserem Schwager, dem Sanitär- & Heizungsbauer, besprechen wir ebenfalls alles. Alle Heizkörper sollten getauscht werden und die Bäder müssen gemacht werden. Im Gäste-WC bleibt die Position von WC und Waschbecken gleich, die Wasserleitungen können also bleiben. Hier wird im Grunde nur, auf die alten Fliesen, neu gefliest. Ausnahme: der Unterputzspülkasten, den Ihr Schwager an Stelle des alten Stand-WC montiert.
Im Badezimmer wollen Sie die Elemente komplett neu anordnen. Sie haben in einer Badausstellung so ein schickes Bad gesehen was Ihnen nicht mehr aus dem Kopf geht. Sie erklären Ihrem Schwager alles und er willigt stöhnend ein.

Woche 1
Es geht los. Die erste Woche ist durch den Abriss gleich richtig schmutzig und kräftezehrend.
Die Küche haben Sie online zum Verschenken angeboten. Zwei Männer kommen und bauen sie ab. Sie selbst räumen die Bäder leer. Bauen die WCs und Waschbecken aus und stemmen im Badezimmer

die Fliesen ab. Das machen Sie mit einem Kombihammer. Also ein Stemmhammer mit dem sich auch Bohren lässt. Die gibt es ab 70€ im Baumarkt. Für den Schutt haben Sie 3 BigBags gekauft. Pawel hilft beim Tragen.

Nachmittags kommen Ihre Freunde. Sie beginnen mit dem Entfernen der Tapeten und reißen die Holzvertäfelung im Wohnzimmer von den Wänden. Leider zählt dieses Holz nicht zum Sperrmüll, dennoch können Sie es als Altholz kostenlos im örtlichen Recyclinghof abgeben. Die Tapeten machen Sie vorm Lösen richtig nass, ruhig mit einem Wasserschlauch. Die Luftfeuchte liegt in dieser Zeit bei annähend 100%, aber egal.

Woche 2
Die Wohnung ist jetzt komplett entkernt und zwei BigBags sind voll.
Nun kommt Ihr Schwager ins Spiel. Er kann die Unterputzspülkästen montieren und im Badezimmer die neunen Frischwasser- und Abwasserleitungen legen. Außerdem müssen die alten Heizkörper abgenommen werden. Weil es in diesem Beispiel keine Möglichkeit gibt, die Leitungen in der Wohnung abzusperren, ist ein Vereisungsgerät die beste Alternative. So ein Rohrvereisungsgerät kann man tageweise für ca. 35€ günstig leihen, wobei ein oder zwei Tage ausreichen sollte. Ist ein Heizkörper ab,

werden als erstes Absperrventile montiert, so dass die Leitungen wieder auftauen können. Anschließend werden die Leitungen des nächsten Heizkörpers vereist, und so weiter.

Die alten Heizkörper, die Badewanne, Leitungen und anderes Metall verschenken wir an Altmetallsammler. So müssen wir uns nicht um den Abtransport kümmern.

In der zweiten Woche können auch die Elektriker starten. Kabelschlitze werden gefräst und Bohrungen für die Steckdosen und Lichtschalter gesenkt. Diese Arbeiten sind unglaublich laut und staubig. Anschließend werden die Kabel verlegt, so dass die Rohinstallation der Elektrik meist das erste ist, was fertig ist.

Woche 3

Der Maler fängt an und startet mit dem Spachteln der Kabelschlitze.

Sie kümmern sich derweil um das Material, kaufen Fliesen, Waschbecken, Farbe und bestellen Steckdosen und Heizkörper.

Sind in den Bädern alle Wasserleitungen verlegt, Bade- bzw. Duschwannen ausgerichtet und angeschlossen, kann der Fliesenleger beginnen.

Auf Details in Ihrem Bad kann ich hier nur schlecht eingehen. Für die Kosten und den Ablauf macht es im Grunde aber keinen großen Unterschied wie Sie Ihr Bad aufteilen.

Woche 4
Der Maler spachtelt jetzt die ganze Wohnung.
Die Elektriker verkabeln den Sicherungskasten.
Pawel baut eine abgehängte Decke in Flur, Küche und Bädern. Anschließend beginnt er das Laminat zu verlegen. Der Fliesenleger ist im Bad fertig und macht mit der Küche weiter.

Woche 5
Der Maler hat alles gespachtelt und fängt nun an den Feinputz glatt zu schleifen. Dafür hat er eine spezielle Maschine.
Der Fliesenleger ist fertig.
Pawel wird mit dem Laminat fertig.
Ihr Schwager ist wieder an der Reihe. Die neuen Heizkörper müssen montiert und angeschlossen werden.
Im dritten BigBag landet hauptsächlich Verschnitt von Fliesen, Laminat oder Rigips.

Woche 6
Der Maler fängt an die Wände und Decken zu streichen.

Danach montiert Pawel die Türzargen und die Sockelleisten.
Ihr Schwager montiert Armaturen, die WCs und Waschbecken.
Ich persönlich baue in diesem Abschnitt immer die Küche auf.
Die Elektriker kommen noch einmal für Restarbeiten und schließen Ihre bestellten Steckdosen, Lichtschalter und LED-Spots an.

Abrechnung:

Elektrik	4000 €
Maler	3500 €
Fliesenleger	1800 €
Schwager	500 €
Pawel	2200 €
BigBags	195 €
Fliesen	600 €
Laminat	450 €
Heizkörper	1200 €
Sanitär Mat.	800 €
Schalter/Steckd.	300 €
LED-Spots	100 €
Allg. Material	300 €
Spachtelmasse	280 €
Farbe	160 €
Innentüren/Zargen	500 €

Gesamt: 16.885 €
====================

Wir landen bei sehr günstigen 16.885€ für die komplette Sanierung einer Wohnung! Bzw. eines kleinen Reihenhauses. Einige geben diese Summe allein für das Bad aus, welches schlussendlich nicht viel anders aussieht als unseres.

Ich halte dieses Beispiel für sehr realistisch und spreche aus Erfahrung. Trotzdem ist es nur ein Beispiel. Es gibt verschiedene Gründe weshalb Sie auch bei exakt dem gleichen Arbeitsumfang teurer oder günstiger bei wegkommen. Vielleicht haben Sie keinen Handwerker im Bekanntenkreis, dann müssten Sie in diesem Beispiel noch einmal mit 2000-3000€ zusätzlich rechnen. Vielleicht kennen Sie auch mehr als einen Handwerker. Oder Sie weichen kräftig bei den Materialkosten ab.

Als Anhaltspunkt dient es allemal. Ich habe den Eigentümer absichtlich nicht besonders viel machen lassen. Hier besteht noch potenzial die Dauer zu beschleunigen oder Kosten zu sparen.

Smart Home

Als so genannte Smart Home Systeme bezeichnet mal die Automatisierung bestimmter Bereiche einer Immobilie. Das kann sich auf Heizung, Licht, Klingel, Alarmanlage und vieles mehr beziehen.
So ein System besteht aus einer Funkzentrale und mehreren Endgeräten. Diese Endgeräte können z.B. Heizungsthermostate, Fensterkontakte, Schalter, Steckdosen, Sirenen, Wetterstationen, Bewegungsmelder oder Stellmotoren sein.
Steuern tut sich das ganze entweder von alleine durch eine vom Benutzer zuvor festgelegte Programmierung oder manuell per App auf Smartphone oder Tablet.
So könnte der Heizungsthermostat von alleine runter regeln, sobald in der Nähe ein Fenster geöffnet wird. Die Sirene geht an, bei einer bestimmten Kombination von Uhrzeit, offenem Fensterkontakt und detektierendem Bewegungsmelder. Oder man steuert sein System von unterwegs per Smartphone-App. So könnte man bereits auf dem Heimweg die Heizung oder die Vorgartenbeleuchtung anstellen. Vorhandene Schalter lassen sich einfach durch smarte ersetzen, so dass nach wie vor manuell geschaltet werden kann, aber eben auch per Funk. So muss an der bestehenden Elektrik bis auf den

Schalter nichts geändert werden. Das ist wirklich schlau gemacht. Das muss nicht nur das Licht betreffen, auch die elektrisch angetriebenen Rollläden sind so auf einmal smart.

Wichtig ist, dass Sie sich im Vorfeld gut informieren. Man muss sich für ein Ökosystem, also einen Anbieter, entscheiden.

Dieses System sollte einen hohen Funktionsumfang, also viele verschiedene Endgeräte, bieten und gleichzeitig günstig und möglichst zuverlässig sein. Für diesen Zweck gibt es im Internet diverse Foren. Hier trifft man z.B. auf Leute die sich in Eigenleistung eine Art Statusmonitor ins Haus gebaut haben. Im Grunde ein in die Wand fest eingebautes Tablet, in der Küche oder dem Flur, auf dem die jeweilige App läuft.

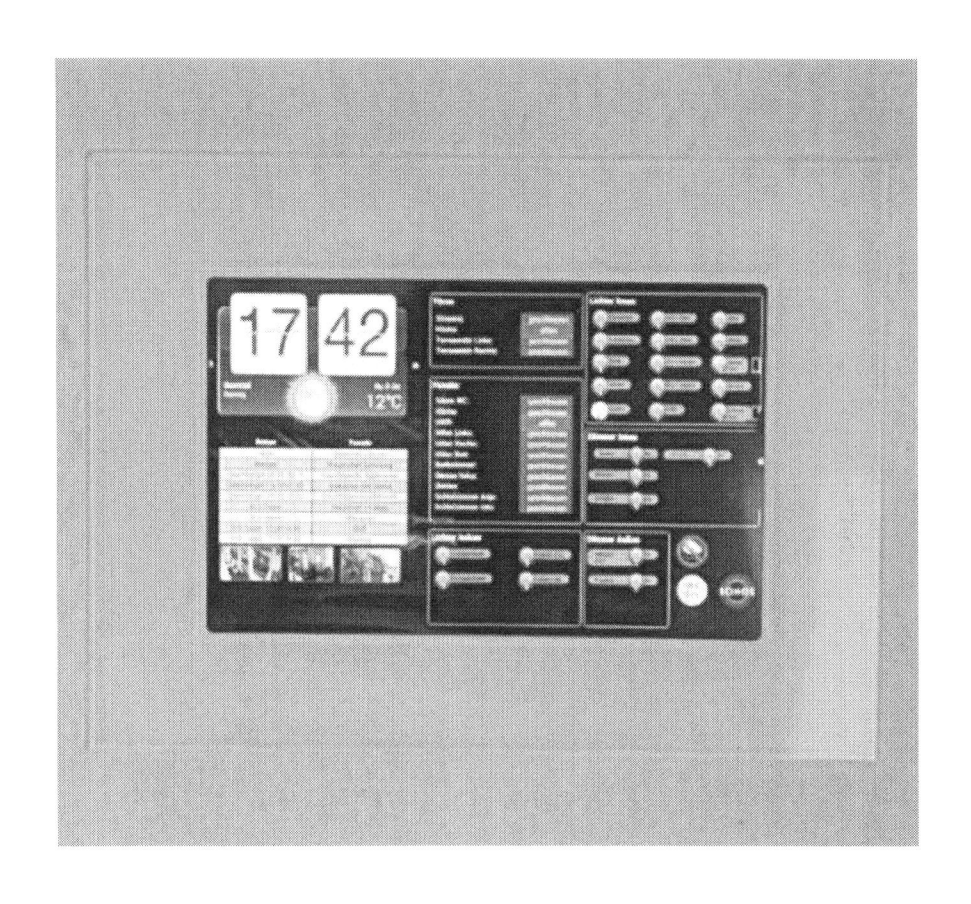

Ich habe bei einem Projekt schon mal eine Hausautomatisierung von Homematic® verbaut, hatte aber nicht den Eindruck, dass der Verkauf dadurch schneller oder besser geklappt hätte, weshalb ich danach wieder davon abgelassen habe. Für die Eigennutzung finde ich das Thema aber nach wie vor interessant.

Neubau/Bestand Vor- & Nachteile

Die Vorteile von Neubauten sind zweifelsohne:

- moderne Grundrisse ggf. sogar frei planbar
- Es ist alles neu und unbenutzt (Erstbezug)
- neuster technischer Standard bzgl. Dämmung, Energieeffizienz u.Ä.
- schlüsselfertige Übergabe
- Garantie des Bauträgers
- Mehrfamilienhäuser häufig mit Tiefgarage und Fahrstuhl
- zukünftige Nachbarn oft im gleichen Lebensabschnitt

Demgegenüber stehen die Vorteile einer Bestandsimmobilie:

- in der Regel deutlich günstiger, bzw. mehr Fläche zum gleichen Preis
- sofort verfügbar. Keine lange Planung. Einzug kurzfristig möglich
- Zahlung einfacher, weil in einer Summe bei Übergabe. Darlehensrate erst ab Einzug. keine doppelte Belastung
- Historie gibt Sicherheit und Aufschluss über die

Substanz. (ist der Keller seit 30 Jahren trocken, wird er es auch in Zukunft sein)
- gewachsene grüne Gegend. Neubaugebiete häufig kahl bzw. nach Einzug noch lange Baustelle
- Altersstruktur bereits durchmischt.
- alte Gebäude ggf. mit Charm

Die Altersstruktur habe ich in beiden Fällen als Vorteil aufgenommen. Das liegt vermutlich an meinem toleranten Wesen. Wie Sie das werten, bleibt Ihnen überlassen.

Sonderfall Eigentumswohnung. Umgang mit Verwaltung und anderen Eigentümern.

Sie wollen Ihre Doppelhaushälfte, Ihr Einfamilien- oder Reihenhaus sanieren? Dann haben Sie es in vielfacher Hinsicht gut.
Sie können auf ihrem Grundstück machen was Sie wollen. Sie könne Material anliefern und zwischenlagern, einen Container für den Bauschutt abstellen und sind in vielfach anderer logistischer Hinsicht besser dran.
Auch was Ihr Nachbar denkt, brauch Sie nicht zu stören. Anders so bei Eigentumswohnungen. Man teilt sich Grundstück, Treppenhaus und wesentliche Elemente der Haustechnik wie z.B. Heizung, Wasser- und Stromverteilung. Andere Eigentümer und Nachbarn werden zwangsläufig in Ihr Bauvorhaben involviert.
Ich habe hier schon einiges erlebt!
Wie die Nachbarn reagieren ist sehr unterschiedlich und hängt stark von den Bewohnern ab. In einem Haus mit hoher Eigentümerquote in top Lage und top gepflegtem Treppenhaus wurde ich schon aufgefordert das Treppenhaus täglich nass zu wischen (die Wohnung war im Dachgeschoss) und meine Handwerker wurden kritisch beobachtet und herablassend behandelt.

Meistens wird die Sanierung aber sillschweigend hingenommen, so dass es keine Reibereien gibt. Schließlich muss jede Immobilie irgendwann mal saniert werden, das wissen auch Ihre Nachbarn. Prinzipiell hilft es hier proaktiv zu handeln.
Informieren Sie Ihre Nachbarn mit einem Aushang im Treppenhaus über Umfang, vermutlicher Dauer der Maßnahme und eventuell Telefonnummern von Ansprechpartnern.
Lärm in der Wohnung und Staub im Treppenhaus lassen sich leider nicht vermeiden.
Vorausgesetzt Sie verändern kein Gemeinschaftseigentum, können Sie die Verwaltung im gleichen Umfang informieren wie Ihre Nachbarn. Diese Sanierung kann Ihnen niemand verbieten. Was ausschließlich Ihnen gehört und was der Gemeinschaft, steht in der Teilungserklärung.
Ich vermeide es wenn möglich Gemeinschaftseigentum anzufassen. Sich hier zu einigen, dauert in der Regel bis zur nächsten Eigentümerversammlung und ich möchte ja zügig sanieren und weiterverkaufen. Außerdem mag ich es nicht, von anderen abhängig zu sein.
Würde ich jedoch für meine eigenen Wohnzwecke sanieren, so wie Sie es vermutlich vorhaben, wäre es mir die Sache wert. Was ist schon die Zeit bis zur nächsten Eigentümerversammlung verglichen mit

den Jahren, die Sie glücklich in Ihrem Eigentum leben wollen? Eben.

Wie schon zuvor genannt, tangieren Sie das Gemeinschaftseigentum vermutlich am ehesten durch den Abbruch einer leider tragenden Wand. Die Verwaltung erstellt mit Ihnen jetzt einen Antrag für die nächste Eigentümerversammlung. Dieser Antrag beinhaltet im Wesentlichen den Lösungsvorschlag des Baustatikers. Also Stahlträger statt Wand. Hat die Gemeinschaft zu diesem Thema in der Vergangenheit keine negativen Erfahrungen gemacht, gehen solche Anträge in der Regel problemlos durch.

Wenn mal was schiefgeht

Wo gehobelt wird fallen Späne. Leider geht auch mal etwas daneben und so geht auch während Bauarbeiten mal etwas schief.
Gerade bei meiner aktuellen Sanierung gab es vor zwei Wochen wieder einen kleinen Wasserschaden in der darunter liegenden Wohnung.
Mein Klempner hatte leider einen einzigen Fitting vergessen anzuziehen. Die Sekunden bis zum Abstellen haben gereicht, dass Wasser irgendwie in die Wohnung darunter gelangen konnte. Dort hat die Mieterin eine ältere abgehängte Decke. Die Halogenstrahlen vielen aus und die Wand war etwas nass.
Auch wenn die Ursache abgestellt ist, heißt es jetzt Präsenz zu zeigen und überaus freundlich zu handeln. Ich habe einen Termin mit der Mieterin für nächsten Morgen ausgemacht (um 19 Uhr kam der Anruf) und Ihr und der Verwaltung versichert, dass meine Handwerker alles wieder in Ordnung bringen. In der Wohnung angekommen, lies sich die Sicherung fürs Bad wieder reindrücken, das Licht ging also wieder. Meine Handwerker werden demnächst die Wand streichen und alles ist wieder wie vorher. Die Restfeuchte diffundiert über die Zeit aus.

Ebenfalls kann so etwas beim Tausch von Heizkörpern passieren. Die Heizkörper sind natürlich voll Wasser und manchmal merkt man gar nicht, dass nach dem Abnehmen noch ein kleines Rinnsal aus der Leitung, an eben dieser runter läuft.

Meistens übernehme ich die Wohnungen mit alten Küchen, welche ich dann auf ebay-kleinanzeigen günstig verkaufe oder an meine Handwerker verschenke. So muss ich sie nicht selbst entsorgen. Einmal war eine Miele Einbauwaschmaschiene verbaut. Also eine mit Küchenfront (sehr selten, aber an sich eine schlaue Erfindung) Wie bei hochwertigen Geräten üblich, war auch diese sehr schwer. So schwer, dass die Typen die sie abgeholt haben, mir durch den Abtransport kleine Stücke aus einigen Stufen im Treppenhaus gebrochen haben. Ich war nicht vor Ort, mein Handwerker hat es auch erst nach einer Stunde gesehen und mich angerufen. Na super, jetzt gab es einen Schaden im Treppenhaus (Gemeinschaftseigentum), verursacht durch meine Sanierung. Ich habe Fotos gemacht und die Verwaltung proaktiv über den Hergang informiert. Es war optisch keine Katastrophe, aber dennoch ein Schaden. Was jetzt passiert, hängt stark von den anderen Eigentümern ab. Glücklicherweise hatten die Bewohner offensichtlich kein größeres Problem damit und die Verwaltung Verständnis, so dass in diesem Fall nichts weiter passiert ist.

Auch Diebstahl kommt mal vor.
Gerade wenn viele verschiedene vielleicht auch sehr günstige "Handwerker" überschneidend arbeiten, verschwindet Werkzeug oder einzelnes hochwertiges Material manchmal.
Mittlerweile kam so etwas aber lange nicht mehr vor, vermutlich weil ich mein festes Handwerksteam gefunden habe und diese sich auch untereinander kennen.
In einem Einfamilienhaus hatte ich dafür einen professionellen Einbruch über Nacht. Zwei hochwertige Akkuschrauber meiner Handwerker wurden gestohlen.

Auf derselben Baustelle hat später ein Dachdecker beim Werfen eines alten Ziegels den Container nicht ganz getroffen. Der Ziegel landete auf der Kante und ein Splitter auf der Motorhaube des Autos des Nachbarn. Als ich davon mitbekommen habe, hatten die beiden sich längst geeinigt. Der Dachdecker hat die Lackierung der Motorhaube bezahlt und die Kosten später über seine Versicherung abgerechnet.

Beim Abbruch einer Wand verlief ein TV Kabel senkrecht entlang dieser Wand. Das war so nicht zu erkennen. Was ich nicht wusste, das TV Kabel verlief in den anderen Wohnungen an derselben Stelle und war von unten nach oben durchgeschliffen. Folge: alle Wohnungen darüber hatten kein TV Empfang.

Gerade erst kürzlich habe ich ein Wand-WC zu stark angezogen, so dass das Porzellan gesprungen ist. Wo Menschen arbeiten passieren Fehler. Man muss das als gegeben hinnehmen. Verständnis und Freundlichkeit machen es für alle erträglicher.

Schlusswort

Ich hoffe ich konnte Ihnen mit diesem Buch ein wenig helfen. Einen guten Überblick haben Sie auf jeden Fall erhalten. Geld sollten Sie nun auch reichlich sparen können, so dass sich der Kauf dieses Buchs mehr als gelohnt hat. Und Angst vor dem Arbeitsumfang und den Handwerkern sind Sie hoffentlich auch losgeworden. Das wichtigste ist: Für alles gibt es eine Lösung.

Falls Ihnen dieses Buch gefallen hat, bitte ich Sie um eine positive Bewertung.
Falls nicht, schicken Sie mir Ihre Kritik bitte an info@considerable-estates.de. Ich werde die Anregungen dann eingehend prüfen und verspreche Verbesserungen schnellstmöglich nach zupflegen.

Vielen Dank.

Printed in Poland
by Amazon Fulfillment
Poland Sp. z o.o., Wrocław